La Tentation du désespoir

DU MÊME AUTEUR

Waterloo. Acteurs, historiens, écrivains, Gallimard, anthologie, 2015.

Quatre-vingt-quinze : la Terreur en procès, CNRS Éditions, 2017.

La Fantasia, Albin Michel, roman, 2020.

Entre l'éternité, l'océan et la nuit. Correspondance de Napoléon Ier, Robert Laffont, anthologie, 2020.

Le Directoire. Forger la République 1795-1799 (sous la direction de), CNRS Éditions, 2020.

Danton et Robespierre : le choc de la Révolution, Passés Composés, 2021.

Le 14 juillet de Mirabeau. La revanche du prisonnier, Tallandier, 2023.

Loris Chavanette

La Tentation du désespoir

PLON
www.plon.fr

92, avenue de France
75013 Paris
Tél. : 01 44 16 09 00
Fax : 01 44 16 09 01
www.plon.fr – www.lisez.com

Dépôt légal : février 2024
ISBN : 978-2-259-31809-9
Mise en pages : Nord Compo

À la jeunesse iranienne, qui lutte, elle,
contre une véritable dictature,
au nom d'un véritable idéal de liberté.

« Il arriva que le feu prît dans les coulisses d'un théâtre. Le bouffon vint en avertir le public. On pensa qu'il faisait de l'esprit et on applaudit, il insista, on rit de plus belle. C'est ainsi, je pense, que périra le monde : dans la joie générale des gens spirituels qui croiront à une farce. »

Kierkegaard, *Ou bien… ou bien*

UN HISTORIEN NE DEVRAIT PAS DIRE ÇA

Si le fait d'avoir du temps pour écrire est un luxe, alors je suis l'homme le plus riche du monde. Dans le même temps, ma vie n'est organisée qu'à cette fin. Condamné à rester à la marge de l'université après mon doctorat en histoire, parce que mon directeur de thèse Patrice Gueniffey était *persona non grata* en tant qu'héritier de François Furet, j'ai toujours continué à écrire dans mon coin. Quand on prend le temps de viser, en général, on atteint mieux sa cible.

J'en profitai donc pour me lancer dans ce qui me tenait vraiment à cœur : des essais historiques sur la Révolution française (Mirabeau, Danton, Robespierre, Napoléon et les thermidoriens y passèrent), des romans, des anthologies littéraires, des drames historiques, des conférences sur les planches, des vers sans grande valeur, et puis aussi ce qu'on appelle communément des tribunes libres. Ces dernières sont une espèce de divertissement consciencieux ou, pour le dire autrement, des ersatz de réflexion ancrés dans l'actualité.

J'en ai ainsi rédigé près d'une cinquantaine, qui m'ont permis de jeter un regard marginal sur l'état de notre démocratie. Je n'ai jamais tenu une chronique. Je préfère l'inspiration spontanée et les fulgurances.

Un historien ne devrait peut-être pas dire ça. Ce qui est une raison suffisante en soi pour s'y aventurer.

Splendeurs et misères de la démocratie

Bien sûr, il est question ici de notre vie démocratique. Le plus grand mensonge dans une démocratie consiste à assurer qu'elle n'en héberge aucun. Ce dernier lui est consubstantiel car le régime lui-même repose sur une profonde méprise à partir du moment où sont proclamées l'égalité parfaite entre les hommes et la pureté naturelle de ces derniers. L'État doit non seulement garantir la jouissance des droits, mais aussi la possibilité du bonheur, érigé en droit universel. La conséquence inévitable est que les citoyens se leurrent aisément (ou se mentent à eux-mêmes) s'ils font mine d'oublier que la démocratie a l'obligation de composer avec le réel des relations sociales au moment de l'exercice du pouvoir et n'a pas la capacité de modeler la réalité à son image. On la rêve idéale alors que, imparfaite, elle reste le moins mauvais des régimes politiques.

C'est pourquoi la démocratie traîne un fardeau : régime idéaliste, en proie à l'utopisme plus que les autres, elle est moins sujette à l'autocritique, qui lui permettrait de déceler ses propres travers[1]. Dans *La Prison juive* (Odile Jacob, 2003), Jean Daniel s'était mis tout le monde à dos en osant écrire que le grand malheur du peuple juif était de s'être déclaré « peuple élu » par Dieu, parce que cela le condamnait à l'impossibilité d'être pleinement fidèle à son élection, et le conduisait inéluctablement à l'utopie. C'est un peu pareil avec le peuple français, autoproclamé peuple « élu » de la religion démocratique depuis 1789. Incapables d'être absolument fidèles à la promesse démocratique, nous sombrons dans l'immobilité et accusons des forces extérieures d'être responsables de cet inconsolable échec. D'où une angoisse persistante, qui colle à la peau comme une sangsue du Bengale.

Habités par l'idéal de la Révolution de 1789, autant qu'empêtrés dans la réalité du quotidien, le citoyen et l'individu cohabitent en chacun de nous. Le danger réside dans la confusion des deux car trop d'État tue la Liberté, et trop de libertés abroge la patrie. Raymond Aron l'a très bien dit : « Les démocraties sortent de la révolution et restent perpétuellement menacées par une révolution. [...] L'idéal de la démocratie ne peut être que l'équilibre, ce qui est déjà un petit peu un idéal de sceptique, car c'est un idéal peut-être de sagesse, mais ce n'est pas un idéal de bien absolu. L'idéal de la démocratie, c'est [...] que les différents intérêts trouvent des compromis, que les choses évoluent lentement, en écartant les formes historiques dépassées, mais sans excès de violence ou de hâte[2]. »

Vous l'aurez compris : il est temps de faire un état des lieux de notre démocratie au prisme de son histoire la plus chaotique, c'est-à-dire de son enfantement révolutionnaire dans la douleur, la violence et le sang.

Historien de la Révolution et de l'Empire, j'ai mis le nez dans les Archives nationales pour sonder cette histoire qui nous unit et nous désunit à la fois. Mais tôt ou tard, dans la vie d'un chercheur, vient le moment de penser l'époque présente, celle qui s'offre à ses yeux. Les journalistes, essayistes, politologues, économistes et sociologues le font quotidiennement. Lancés dans le bain médiatique, il leur faut juger, jour après jour, heure par heure, sinon minute par minute, le tourbillon politique. C'est à la mode. Certains franchissent même le pas de l'aventure politique et participent à la loi de l'offre et de la demande démocratique. À partir de là, plus de répit, il faut courir après l'actualité, quand les faits divers se succèdent l'un après l'autre. La démocratie d'opinion cède la place à celle de l'information.

Le débat intellectuel ne s'en trouve pas forcément grandi. Le champ de vision s'est rétréci. Quand l'émotion grimpe, le jugement s'effrite et les passions se déchaînent à coups d'excès de langage et de prises de position aberrantes, quand elles ne sont pas insultantes, rendant, par la même occasion, notre pays quasi irréformable.

Penser la politique en termes de limites est l'objet de ce petit manuel d'antidémagogie. Pour cela, nous partirons de cas particuliers pour toucher le problème plus large du dialogue entre démocratie et démagogie, nous permettant de comprendre à quel point la Révolution demeure un volcan mal éteint. De l'actualité, nous bondirons dans le passé, à l'époque où les députés de la nation discutaient les lois tandis que la guillotine régurgitait les têtes des vaincus du jour.

Tous les régimes révolutionnaires comprennent un parti, un chef, une morale uniques, ainsi qu'une lecture de l'histoire ne souffrant aucune contestation. C'est pourquoi, tout en célébrant la libre expression des opinions individuelles, j'ai cherché avant tout ici à combattre la démagogie historique d'une certaine gauche, comme d'une certaine droite. Les manipulations et accaparements dont l'histoire de la Révolution française est victime depuis plus de deux siècles ont pour terreau l'ignorance de ceux qui écoutent les démagogues en puissance, emportés par l'historicisme, maladie infantile de l'amour de l'histoire. Ils ne comprennent hier qu'au regard de ce qu'ils veulent aujourd'hui et rêvent pour demain. Mais l'histoire a-t-elle vraiment un sens fixe, strict ? Je crois plutôt qu'elle fluctue.

Ce livre constitue une charge contre la dérive démagogique dont notre démocratie est désormais assaillie de toutes parts.

Au seuil du désespoir

Je veux croire dans le message de Tocqueville à destination de tous ceux dont le cœur semble balancer entre liberté et égalité : « Beaucoup de gens en France considèrent l'égalité des conditions comme un premier mal, et la liberté politique comme un second. Quand ils sont obligés de subir l'une, ils s'efforcent du moins d'échapper à l'autre. Et moi, je dis que, pour combattre les maux que l'égalité peut produire, il n'y a qu'un remède efficace : c'est la liberté politique[3]. »

C'est un beau rêve que nous propose Tocqueville. Mais l'horizon se trouble à nouveau. L'impasse politique est devenue la norme. La liberté politique tout comme l'État autoritaire ont montré leurs limites dans l'histoire. La première conduit inévitablement au délitement de l'autorité quand le second condamne la liberté à végéter parmi des ombres fugaces. Ne reste que l'angoisse dont chaque vie humaine est, à un moment ou un autre, traversée. D'où le progrès de l'abstention : les gens ne croient plus en la classe politique, ils ne croient plus aux solutions traditionnelles parce qu'elles ont démontré toute leur vacuité, ils ne croient plus au progrès et se persuadent que demain sera pire qu'aujourd'hui. Le fils semble destiné à être plus malheureux que le père. D'où, dans un second temps, la tentation du désespoir qui gravit l'échelle du cœur. Se jeter dans les bras des extrêmes, c'est écouter la petite voix de la résignation. Elle est naturelle, bien qu'elle soit en définitive néfaste. C'est ce qu'on appelle le cri, ou l'énergie du désespoir. Je préfère parler de tentation, de ce moment où l'on reste au seuil, où l'on doute encore.

Nos démocraties sont, en ce début de XXIe siècle, perclues d'un mal viscéral les condamnant à repousser toujours à la prochaine lune la résolution des conflits qui les hantent parce qu'elles savent que ni les épines de l'autorité absolue ni le miel de la liberté ne sont assez efficaces pour vaincre l'angoisse s'étant emparée d'elles. Elles ont les mots de la puissance sans en avoir les moyens, comme le dit justement Nicolas Baverez dans son cruel essai *La France qui tombe* (Perrin, 2003). C'était il y a vingt ans. Et qu'avons-nous fait pendant ces deux décennies pour sortir la tête du gouffre ? Peu de choses. Des atermoiements, souvent des renoncements, parfois des démissions devant l'adversité censée nous réveiller. Nous dansons toujours sur un volcan, dont la fumée pourtant est de plus en plus épaisse et noire. L'air devient irrespirable, et nous, nous dansons en cadence en battant la mesure au-dessus des flammes.

La croisée des chemins

Les démocraties souffrent de ce que Søren Kierkegaard appelait en amour l'angoisse du « ou bien… ou bien… ».

L'homme qui se marie et se voit comblé de bonheur en fondant un foyer est contraint de sacrifier sa liberté et son goût de l'aventure. Celui qui voyage sans attache aucune et court le monde, bondissant d'une conquête à l'autre, en désir comme en art, est obligé de renoncer au plus doux de l'existence, à la sécurité d'une vie paisible auprès des siens, passée à regarder grandir ses enfants. C'est le « ou bien… ou bien… ». Il n'existe pas de solution idéale. Quoi qu'il choisisse, l'être humain est condamné à ne réaliser qu'une moitié de lui-même. De là naît le désespoir. C'est un peu pareil avec la démocratie. Ou bien elle opte pour la liberté absolue et doit sacrifier la tranquillité d'une vie paisible, parce que la liberté génère la conflictualité systémique, lorsque la politique n'a plus la main sur la société livrée aux délices de Capoue… Ou bien elle privilégie l'ordre et la sécurité au point de briser tout ce qui s'oppose à ses normes, et alors la démocratie trahit la bonté qui la constitue et s'aliène elle-même dans ses propres chaînes, se condamnant au plus tragique des reniements… Nous avons le choix : les enfantillages ou les chaînes.

Dans son *Traité du désespoir*, le philosophe existentialiste danois explique que le désespéré est forcément « en proie à l'imaginaire ». C'est vrai quand on y pense : l'être habité par une imagination puissante est un désespéré du monde réel parce qu'il cherche, comme un drogué, à trouver dans l'abstrait, dans les constructions de l'esprit, dans les rêves, ce que la réalité confondante de son époque ne lui offre pas. La France a toujours eu cet imaginaire chevillé à l'âme ; elle se voit splendide dans les pages de l'histoire, elle se voit immense dans le ciel où elle projette son image à la face de Dieu, elle se voit belle dans la manière qu'elle a de côtoyer les vérités philosophiques universelles. Elle se tâte le pouls pour savoir ce qu'elle a pu faire dans le passé de glorieux, ce qu'elle fera de génial demain, et ce qu'elle aurait pu être si elle avait toujours été fidèle à ses baptêmes.

Il est douloureux de se réveiller de certains rêves. Le désespoir est la tentation la plus grande de ceux qui ont la tête dans les étoiles. Or il n'est qu'une tentation bien qu'elle soit peut-être la plus redoutable de toutes. Chacun est libre en lisant les pages qui suivent de se laisser déchiqueter par ses serres ou de vaincre ses peurs.

Devant le spectacle d'une époque et d'une société affichant tous les jours l'incivisme qui mène à la violence, l'individualisme qui débouche sur l'irrespect, la précipitation qui conduit à la médiocrité, la bassesse qui enfante l'hypocrisie, en un mot : l'absence d'éthique individuelle et collective, le désespoir guette. Il est là, sur le palier, frappant à la porte, épiant à travers le judas. Parfois, la tentation est grande de lui ouvrir et de se laisser engloutir par ses sombres présages. Mais si la lucidité nous oblige à constater la décadence environnante, la foi dans l'humain, c'est-à-dire l'optimisme aveugle, nous pousse à ne pas sombrer dans la désespérance.

PARTIE I

LA RÉVOLUTION DÉVOYÉE

1.

LE CHANT DES DÉMAGOGUES

Tout individu voulant se lancer en politique doit garder à l'esprit ces trois indispensables.

S'il veut être élu, il sera bien obligé, tôt ou tard, de mentir au peuple. Ça ne fait plaisir à personne, mais c'est comme ça. On ne demande pas son suffrage à un électeur en lui disant la vérité. La deuxième nécessité en découle : il ne faut jamais dire au peuple qu'on lui ment. Tout ce qu'on affirme pendant la campagne est officiellement la vérité, toute la vérité, rien que la vérité. Le problème, bien sûr, c'est qu'au bout d'un certain temps, l'électeur comprend qu'il a affaire à un beau parleur. Le troisième point est plus délicat encore puisqu'il concerne le mensonge lui-même : il faut à tout prix convaincre du changement que l'on propose. « C'est maintenant ! » On n'est ni le premier ni le dernier à suggérer les mêmes réformes. C'est pourquoi il est crucial d'être le plus convaincant, d'être le meilleur dans l'affirmation éruptive d'une volonté politique intacte, infaillible, pure, c'est-à-dire désintéressée, si possible au-dessus des partis. Grâce à « l'esprit d'unité des Français » et à « leur sens des responsabilités », rien ne pourra vous arrêter. Vous ne devez former avec eux qu'un seul corps : l'acte de candidature officialise les fiançailles ; le mariage, c'est l'élection elle-même. Le soir, la noce. Et après on avise. C'est ensuite que ça se corse.

Il y a une nuance dans l'apologie du changement : celui-ci doit être rattaché au cœur de l'histoire de France, à son âme intime, à son moi profond. Il faut atteindre la région subconsciente du peuple français. Qui manque cette étape rate tout. L'histoire est le nerf de la bataille démocratique parce qu'on ne dessine l'avenir qu'en dépassant le présent, nécessairement fade et insatisfaisant. L'histoire de notre passé national, héritage millénaire autant qu'universel, est la force de propulsion d'une campagne démocratique qui se respecte. En se référant aux ancêtres, on s'appuie sur un roc insubmersible, celui des pères fondateurs : on se place au sommet d'une falaise. L'histoire donne une hauteur de vue à qui sait la faire parler. Lui conférer du sens, c'est prendre tout le sien. Elle est la part d'émotion personnelle qui rencontre le collectif d'une campagne. Interdit de la convoquer sans frisson dans la voix, ni emballement du cœur, ni poésie aux lèvres. Quand votre Moi individuel épouse le Surmoi collectif, c'est là que survient le miracle de la démocratie : de la diversité naît l'unité, comme de la forge monte une flamme.

Aucune élection, qu'elle soit présidentielle, législative ou européenne, n'a échappé à la règle de ces contraintes : mentir avec aplomb, le cacher avec sang-froid, convaincre du changement avec résolution, et émouvoir la foule avec panache.

De la démagogie à la tyrannie

Depuis Aristote, nous savons que la démocratie est le berceau de la démagogie. Cette dernière y naît, grandit, prospère et finit par dominer. Elle est la corruption du régime démocratique par le verbe de ceux qui flattent et attisent les passions de la foule, lui promettant monts et merveilles. C'est pourquoi les démagogues ne sont jamais aussi forts pour exercer leur redoutable rhétorique qu'à l'occasion des élections où ils sont dans l'opposition. Ce phénomène est plus présent en France qu'ailleurs parce que nous sommes un pays de tradition rousseauiste. Chez nous, les qualités de la souveraineté absolue, dont ont été couronnés les rois de France grâce à la pensée du juriste Jean Bodin, à savoir que la souveraineté est une, indivisible, incommunicable et absolue, se sont retrouvées repiquées dans le concept rousseauiste de souveraineté populaire.

En pratique, dans un système de démocratie indirecte, c'est l'élection qui détermine l'identité de celui qui exercera la souveraineté. Le progrès avance donc par à-coups, à force de rendez-vous électoraux nous invitant à nous prononcer sur la volonté politique, qui décidera pour nous tous. Bien sûr, il y a la campagne électorale, avec ses codes, mais une seule journée suffit à trancher la querelle : le progrès peut ainsi dépendre de mesures immédiates, souvent radicales. C'est un système fait pour les révolutions plus que pour les réformes à l'anglo-saxonne. Chez les Anglais, la norme est d'abord orale, puis coutumière, et enfin jurisprudentielle : l'équité y est le critère d'appréciation, au cas par cas. En France, pays de droit écrit, et même si les juges (surtout européens) se sont accaparés de plus en plus de pouvoir, la recherche de l'égalité reste la norme et la majorité législative dicte à la masse. La conséquence est que les rendez-vous électoraux chez nous ont plus de poids qu'ailleurs : ils sont le terreau de la démagogie. Tout s'y joue, tout s'y dit, tout s'y fait, promesses, mensonges, colères, affectations, réquisitoires, hypocrisies, manipulations. On croit au changement d'un coup sec, au coup de barre brusque et productif, et non au temps long du progrès qui n'est que courants et vagues aperçues de loin.

Il existe bien sûr une démagogie de gouvernement : c'est quand le pouvoir en place établit qu'il est le seul authentiquement « républicain », reléguant ses opposants à des adversaires de la république de la pire espèce. Il ne s'agit plus alors de combattre un adversaire du champ démocratique mais de terrasser un ennemi du régime, voire de la société tout entière. Ce procédé est vieux comme la république puisque déjà sous la Révolution française se constitua le gouvernement révolutionnaire dressé contre les deux ennemis irréductibles de la Révolution, les partisans de l'anarchie sur sa gauche et ceux de l'aristocratie sur sa droite. Sous le Directoire, on appelait cela la « politique de la bascule » : taper un coup à gauche, un coup à droite. La légitimité de la classe dirigeante dépendait de sa capacité à occuper le centre, d'où l'on faisait tomber la foudre sur les adversaires des deux pôles. La conséquence est que la peur des extrêmes nourrit le vote au centre, quand elle ne justifie pas ce dernier à exclure du pouvoir les marges radicales par les outils qu'il trouve à disposition (dont le trafic des élections est le plus classique). Et le tour était joué.

Néanmoins le phénomène démagogique reste essentiellement le produit de la concurrence entre les différents candidats. Tous les moyens étant bons pour être élus, le peuple souverain restant seul juge de ce qui est bien ou mal, la démagogie s'exerce librement et rogne petit à petit la raison humaine, qui est son contraire. La démagogie se reconnaît aisément : elle se définit comme l'art de mobiliser une minorité par l'emphase, en flattant son identité d'abord, en excitant ses intérêts ensuite. Ce qu'on appelle le bien commun se trouve ainsi foulé aux pieds au profit d'une classe de citoyens, quelle qu'elle soit.

Aristote portait un jugement sévère à l'encontre de ceux, « habiles dans l'art des discours[1] », qui s'en servent pour attiser l'envie et la jalousie de la multitude. Ainsi dresse-t-il le portrait des démagogues dans le régime populaire : « Ils deviennent importants du fait que le peuple est souverain en tout, et qu'eux sont souverains de l'opinion du peuple. Car la multitude se laisse convaincre par eux[2]. » Pour lui, la démocratie tombée sous l'emprise de la démagogie devient fatalement un régime tyrannique. Polybe va plus loin encore en théorisant l'évolution naturelle des régimes politiques : les hommes s'associent d'abord au sein d'une monarchie, qui se mue en tyrannie ; suit l'aristocratie, qui tombe dans l'oligarchie ; vient la démocratie, qui elle aussi se corrompt sous l'emprise des démagogues, avant de redevenir monarchie, puis tyrannie, et ainsi de suite. Il appelle ce cycle des constitutions l'*anacyclosis*. Compliqué à retenir, mais fondamental…

C'est la raison pour laquelle Polybe proposait de combiner les trois formes de gouvernement. L'esprit de la Ve République repose sur cette recherche d'équilibre entre la monarchie présidentielle, l'aristocratie des méritants, ceux qui réussissent les concours de la fonction publique (ENA devenue INSP, ENM, etc.), et la démocratie *via* la représentation du peuple et la voie référendaire. Un équilibre fragile et en perpétuelle mutation du fait de la conflictualité permanente entre ces forces censées se contrebalancer.

Or, cet équilibre est sur le point de se rompre sous le poids de la science démagogique. À moins que les professionnels de la démagogie historique, dont le thème de prédilection est l'apologie de la culture révolutionnaire, ne soient réfutés sur leur propre terrain.

Les nouveaux sans-culottes

Depuis la crise des Gilets jaunes et celle de la réforme des retraites, jamais on n'a autant convoqué l'idée de Révolution dans le débat public sans se douter qu'on tombait dans le piège tendu par ceux-là mêmes qui parient sur sa rhétorique afin de faire triompher leurs passions politiques. Mille exemples suffiraient à démontrer le retour de l'imagerie révolutionnaire dans le champ politique des dernières années : le président de la République assimilé à un nouveau Louis XVI et brûlé en effigie avec une couronne sur la tête le 24 avril 2023, piques ressorties lors des manifestations avec des têtes faussement plantées à leur sommet, bonnets phrygiens coiffant les nouveaux sans-culottes rebaptisés les « sans-cravates », appel à une nouvelle prise de la Bastille au sein même de l'Assemblée nationale, etc.

La rhétorique jacobine moderne a plusieurs années d'ancienneté. C'est une vieille rengaine dont François Furet a fait justice dans son génial *Le Passé d'une illusion* où il prouvait que fascisme et communisme se ressemblaient drôlement, en théorie comme en pratique[3]. L'essai se concluait par le double constat de l'échec du modèle communiste et de l'obligation pour les continuateurs de son utopie de vivre dans un monde matérialiste et désenchanté. D'où cette prémonition : « La fin du monde soviétique ne change rien à la demande démocratique d'une autre société, et pour cette raison même, il y a fort à parier que cette vaste faillite continuera à jouir dans l'opinion du monde de circonstances atténuantes, et connaîtra peut-être un renouveau d'admiration[4]. » Ces lignes ont près de trente ans. Je crois que les eaux du puits révolutionnaire ne sont pas encore taries parce qu'elles sont profondes et solidement enracinées dans notre tradition politique. L'essentiel est de différencier 1789 de 1917, sinon nous allons nous enfoncer dans les sables mouvants de l'illusion antilibérale.

Depuis sa première participation à l'élection présidentielle, le fondateur des Insoumis Jean-Luc Mélenchon martèle sa revendication de 1789. Déjà dans son édition du 19 avril 2012, *Le Monde* pointait cette spécificité mélenchoniste en détaillant la longue liste des insurrections rhétoriciennes du candidat, qui s'était identifié au sans-culotte de 1793, Santerre, dont il avait même pris le nom entre 1972 et 1976, quand il dirigeait l'OCI de Besançon, pour marquer sa radicalité. Il faut dire que Santerre participa à la prise de la Bastille et fut le général chargé de veiller à la bonne exécution de Louis XVI. Le 21 janvier, c'est lui qui empêcha le roi déchu de s'adresser à la foule en ordonnant aux tambours de se mettre en branle. Dans l'esprit de l'Insoumis, il y a identification-fusion avec le personnel de la Terreur, moment solsticial et salvateur, de la Révolution.

Ce cortège d'appels à la Révolution française a vocation à légitimer la recrudescence des violences physiques et verbales dans la rue, comme si le peuple d'aujourd'hui entrait en insurrection dans la lignée du précédent de 1789.

La démocratie tolère ces débordements et ces interprétations parce qu'elle reconnaît la pluralité des convictions, des traditions et donc de leurs différentes expressions. Elle héberge ainsi dans son sein une multitude de cultures politiques ayant chacune ses références historiques portées sur la scène publique et dont se délectent les médias en quête d'images et de sensationnel. L'un des principes originels de la démocratie, depuis Périclès, est l'iségorie : la latitude donnée à chaque citoyen d'exprimer ses opinions librement (ce que l'on faisait à l'époque d'Athènes en prenant la parole à l'agora).

Rien d'étonnant donc à ce que les Insoumis aient leur propre vision de notre histoire en général, et de la Révolution en particulier. Libre à eux de s'en faire un étendard par le geste et la rhétorique. Mais il est choquant, tant politiquement qu'intellectuellement, de les laisser monopoliser le discours sur la Révolution de 1789 comme s'ils étaient les seuls à avoir le droit de s'approprier cet héritage. Ce dernier est par essence national et en aucun cas partisan. Le 14 Juillet n'est pas la fête des Insoumis, qu'ils se prétendent sans-culottes ou pas, mais celle de la communauté nationale. Leur démagogie historique, consistant essentiellement en la récupération politique de la Révolution française, de ses événements, de ses personnages comme de ses valeurs, il faut les combattre sur le terrain de l'histoire, qu'ils pensent mieux connaître que les autres, et sur lequel ils comptent bâtir leur piédestal jusqu'au pouvoir. Personne n'a le monopole de 1789 comme personne n'a celui du soleil. Il brille pour tous. On ne vole pas la lumière, on la diffuse.

Les nouveaux démagogues de l'extrême gauche me font ainsi penser à Icare, qui s'était vu trop beau, trop fort, au point qu'en s'approchant du soleil, il se brûla les ailes et chuta. La fougue juvénile et romantique d'Icare est une sorte de suicide que l'orgueil lui a fait commettre, tandis que Dédale, son père, homme plus sage, est resté à distance des extrémités périlleuses.

Or, ce que propose aujourd'hui l'extrême gauche, c'est un projet de table rase. Jean-Luc Mélenchon l'assume sans détour quand il écrit : « Il faut tout changer de nouveau », appelant à une « nécessaire résurrection » de Robespierre[5]. On comprend qu'il n'est question ni d'une simple révolte ni d'une vulgaire réforme, mais d'un projet bien plus vaste. Là-dessous, se cache une vision de la Révolution française centrée exclusivement sur le moment jacobin, quand la Montagne faisait trembler les rangs de l'Assemblée par l'organe de Danton,

Marat, Hébert, et, bien sûr, Robespierre, l'enfant chéri des populistes. Comment s'en étonner quand on sait, comme j'ai tenté de le démontrer dans l'un de mes livres, que Robespierre a été accusé de recourir aux procédés rhétoriques propres aux terribles enchanteurs de la foule[6] ? Le Girondin Louvet a fait ce portrait peu flatteur de l'Incorruptible, deux mois seulement après la chute de Louis XVI :

> On vit un homme vouloir toujours parler, parler sans cesse, exclusivement parler, [...] surtout pour être entendu de quelques centaines de spectateurs, dont on voulait obtenir les applaudissements à tel prix que ce fût. [...] Cet homme qu'on n'entendait parler que de son mérite, des perfections, des vertus sans nombre dont il était pourvu, et qui, après avoir vanté la puissance, la souveraineté du peuple, ne manquait jamais d'ajouter qu'il était peuple lui-même, ruse aussi grossière que coupable, ruse dont se sont servis les usurpateurs, depuis César[7].

Pour Robespierre aussi, la République, c'était lui.

La force de la colère

Quels sont justement les critères du populisme ? D'après l'universitaire Guy Hermet, on parle de populisme si cinq éléments sont réunis, à savoir 1) rapport au peuple : « incarnation du peuple réel par l'émetteur du message seul à même de comprendre les aspirations du peuple » ; 2) registre du discours : « affectif et de proximité » ; 3) diagnostic : « réalité décrite de manière dénonciatrice » ; 4) nature de l'offre : « solution curative antipolitique simple » ; 5) posture : « nécessité d'une réforme profonde[8] ».

L'appel à la vieille passion révolutionnaire, celle de 1789, renouvelée par le mythe de 1917, sert aux leaders des extrêmes à mettre en œuvre l'appareil populiste : incarnation du peuple, émotionnalisation de celui-ci, légitimation de la violence, simplification du discours et ambition révolutionnaire du type « faisons table rase du passé ». Règne tout autant la puissance du ressentiment dans le caractère du populiste, lequel aspire à une espèce de vengeance personnelle et collective contre les injustices souffertes, ce qui le persuade que son combat est celui du bien contre le mal. Le populiste est un grand manichéen.

Il ne faut pas attendre des « Gardiens » autoproclamés des révolutions qu'ils se modèrent, se ravisent et se réforment eux-mêmes. Pour leur barrer la route, et « les replonger dans le néant dont ils n'auraient jamais dû sortir », comme l'aurait dit Danton à son procès, il est indispensable de limiter leur capacité à capter l'imaginaire de la Révolution française.

Je me souviendrai toujours de la réaction indignée de Robert Badinter sur un plateau de télévision quand furent projetées les images de manifestants radicalisés promenant au bout de véritables piques des têtes en carton, dont celle d'Emmanuel Macron. L'ancien garde des Sceaux, qui avait fait abolir la peine de mort en 1981, entra dans une profonde colère devant ce folklore abominable de têtes décapitées, aussi fausses fussent-elles. Puis les yeux du vieux sage s'adoucirent et il chuchota presque : « Ne prenons pas de risques avec la liberté[9]. »

La liberté est un risque en soi. Elle met la société sous la menace du plus habile. Il faut donc accepter la joute oratoire à laquelle nous obligent les régimes libéraux où la discorde est la règle et la concorde l'exception.

Or, le discours démagogique n'est pas seulement original sur la forme mais aussi sur le fond. Les démagogues désireux de s'emparer des rênes du pouvoir fascinent une partie de la population parce que leur verbe a quelque chose de plus marginal et ardent. En plus de la capacité de passionner la foule en flattant son orgueil et ses appétits, ils répondent à une autre demande, celle de la colère. Un discours furieux a plus d'énergie, plus de vélocité, quitte à être parfois hargneux et agressif. Loin des propos monocordes et rassurants des gouvernants, ceux des populistes ont une capacité performative plus forte parce qu'ils sont des performances oratoires. La force tranquille sur laquelle reposent l'État et la légalité ne sont pas leur registre de prédilection parce que la colère offre à l'auditoire une sorte de miroir excité de son propre désœuvrement, sinon de son ressentiment. La haine s'engouffre dans cette rhétorique exaltée et insurrectionnelle. Parler plus fort que les autres, hurler s'il le faut, c'est le premier stade pour faire croire que l'on a plus de conviction et d'authenticité que ses concurrents. Jean-Luc Mélenchon se sert de ce don oratoire quand il monte sur les estrades dressées sur les places publiques. Ce fut aussi le coup de génie d'Emmanuel Macron, en 2017, quand il hurla à en percer les oreilles que son « projet » devait être porté partout en France par ses partisans avant d'éructer le traditionnel : « Vive la République, vive la France. » Cette image et cette sonorité sont restées gravées dans les mémoires. Le cri a payé.

En 2022, le talent oratoire d'Éric Zemmour a été reconnu par les commentateurs, alors qu'on ne s'attendait pas à ce que le journaliste s'époumone lui aussi à la tribune. À l'inverse, Valérie Pécresse n'a pas su hisser sa voix au niveau de la rage des campagnes présidentielles. Les sourires pleins de bonté de la candidate sont passés pour un cruel manque d'autorité, sinon de la faiblesse. Ce jugement est injuste et sans doute une conséquence de notre tradition oratoire masculine éruptive. La candidate ne fut sans doute pas assez démagogue, ne serait-ce que dans la forme, pour s'imposer à la tribune et donc dans les cœurs. La modération de sa posture oratoire, répondant à celle de ses idées, l'a desservie. Le projet de réforme a cet inconvénient sur celui de révolution qu'il manque du charme des exhortations. Réformateur sur le fond, Emmanuel Macron proposait néanmoins une « révolution » aux Français, comme il l'assuma dans un livre de campagne éponyme.

Ni rouge ni blanc

Or, ce qui permet justement d'exprimer oralement une colère, c'est la dénonciation d'un ennemi que l'on diabolise autant que possible et contre lequel tous les mots sont permis.

Rares sont les gestes d'apaisement qui montent de la rue, où la colère et l'audace ont toujours eu le dessus sur la modération et la sagesse. Il n'y a d'intérêt que là où il y a une opposition. C'est pourquoi est vraiment remarquable le jour où Alphonse de Lamartine, monté sur une barricade de la place de l'Hôtel-de-Ville, a su repousser le drapeau rouge que les insurgés voulaient hisser, pour faire adopter les trois couleurs de la nation. Il a montré le chemin qu'il nous appartient d'emprunter, sans les hurlements devenus la règle. Ni le rouge des communistes, ni le blanc des royalistes. Ni marxistes fanatisés, ni conservateurs radicaux. En réalité, ces forces réactionnaires partagent une même haine de la bourgeoisie, du capitalisme et de l'État de droit, qui seul garantit les libertés individuelles.

Le drapeau tricolore, symbole de tolérance, est de nouveau menacé dans son existence par les nouveaux Jacobins d'un côté, et les nouveaux Chouans de l'autre. « Rouges » comme « Blancs » ont une vision puriste et religieuse de leur projet politique, les uns voulant restaurer le catholicisme comme religion d'État, les autres déifiant le pseudo-universalisme woke et écologiste sur l'autel de la sacro-sainte Fraternité. Pour les deux, révolution montagnarde ou révolution conservatrice, c'est toujours une quête de salut : par la première, croyance messianique dans la politique et la souveraineté populaire, qu'importent les lois ; pour la deuxième, foi classique dans la prédestination catholique de la France. Les deux demandent l'onction populaire par la procédure démocratique, mais elles s'en passeraient tout aussi bien. Leur maxime est identique : la fin justifie les moyens. À l'inverse, les démocraties libérales et pluralistes proclament que les moyens légitiment la fin.

Force est de constater que, pendant la campagne présidentielle de 2022, les deux candidats ayant le plus abondamment parlé d'histoire sont Éric Zemmour pour Reconquête ! et Jean-Luc Mélenchon pour La France insoumise. Un débat télévisé les vit même s'affronter sur ce terrain. C'est une bien maigre récolte relativement à l'intelligence du passé, non seulement parce que ces deux tribuns ont donné libre cours à leurs fantasmes historiques mais surtout parce que le silence des autres formations politiques a été assourdissant sur ce point. À droite, condamnation de l'héritage de la Déclaration des droits de l'homme de 1789 par Zemmour, dénonçant l'État de droit et le « gouvernement des juges » en bloc. Sur la gauche : apologie de la Terreur, à laquelle nous a habitués le clan Mélenchon, lequel réduit à peau de chagrin la part libérale et démocratique de 1789, sinon en offrant une lecture tronquée de la prise de la Bastille, laquelle ne s'est pas faite contre l'Assemblée des députés, mais pour voler à son secours[10].

« Qu'on le veuille ou non, l'histoire de la Révolution est un bloc », avait jeté Clemenceau dans l'enceinte de l'Assemblée. Depuis, il est de mode de réutiliser ce terme pour qualifier la Révolution, comme si le bien qu'elle avait fait rendait tolérables tous les maux qu'elle avait causés. Comme Raymond Aron, je pense que c'est une aberration. L'histoire possède une palette de couleurs à l'infini, car elle est avant tout le produit des hommes qui la vivent. Mille exemples, mille destins prouvent la fausseté de cette thèse simpliste, aussi bête que l'idée même d'un « Ancien Régime » comme un tout uni, alors qu'il s'agit d'une idée fabriquée de toutes pièces par les révolutionnaires eux-mêmes pour installer leur légitimité historique.

Tout le XXe siècle a surfé sur cette vague de la polarisation de la Révolution française entre deux blocs au choix, l'un laudatif, l'autre réquisitorial. Au centre de la querelle : la Terreur. La gauche marxiste a vu dans 1793 l'aboutissement, et même le dépassement, de 1789 au nom du progrès social. La droite conservatrice aperçoit la Terreur dès 1789 et les violences qui entourent la prise de la Bastille et la cerclent de feu. Dans les deux cas, 1789 fait les frais de ces caricatures et les droits de l'homme deviennent une espèce de mythe de poussières, sacrées peut-être, mais néfastes et condamnées à disparaître. Pur produit de l'esprit individualiste, bourgeois et sacrilège, attentatoire à la volonté populaire pour ces deux camps radicaux, la théorie des droits de l'homme est mise en porte-à-faux par ces interprètes partiaux. Leur vision utilitariste de l'histoire est dangereuse en ce qu'elle laisse accroire que la Révolution est soit monstrueuse, soit à recommencer.

Contre ces modèles dépassés, et pourtant perpétués, François Furet avait proposé une lecture positivement critique de la Révolution pour dire qu'elle avait ouvert la voie au meilleur (le libéralisme politique) comme au pire (le totalitarisme). Affirmer qu'elle est « terminée » n'est pas un honteux blasphème puisque cela la définit comme un projet nécessairement limité, au sens d'un événement ayant eu un cadre et un terme. Une fois l'assise de l'État démocratique plantée, il faut en laisser germer les fruits selon un lent processus qu'on appelle le Progrès, tout en le protégeant des mauvaises herbes.

Les racines perdues

Or, que nous arrive-t-il depuis plusieurs décennies ? Nous nous détournons de notre passé. Le désintérêt pour notre histoire a été une constante depuis la mort du général de Gaulle. Pierre Nora situe dès le milieu des années 1970 ce qu'il nomme le « grand décrochement » et l'oubli de l'histoire qui nous constitue comme nation. 1789 est, par essence et par choix, le phare censé éclairer notre origine républicaine. Tombés depuis dans le vide de l'individualisme triomphant, nous avons négligé l'esprit civique et l'histoire collective. Tocqueville avait défini l'individualisme comme la maladie par excellence des démocraties, qui dégénèrent en égoïsme de masse. Plus l'égalité progresse dans un pays, plus la recherche de satisfaction des besoins individuels devient l'obsession de chacun. Le culte du « présentisme » (Hartog) détrône l'histoire, le legs des anciens. Fataliste, l'auteur de *De la démocratie en Amérique* décrit la pente des peuples démocratiques : « La trame des temps se rompt à tout moment, et les vestiges des générations s'effacent. On oublie aisément ceux qui vous ont précédés, et l'on n'a aucune idée de ceux qui vous suivront. Les plus proches seuls intéressent. [...] L'aristocratie avait fait de tous les citoyens une longue chaîne qui remontait du paysan au roi ; la démocratie brise la chaîne et met chaque anneau à part. » L'homme moderne, « renfermé tout entier dans la solitude de son propre cœur[11] », perd la notion de toute morale publique. C'est pourquoi il faut rappeler aux citoyens qu'ils vivent en société et forment une communauté nationale. Pour ce faire, l'histoire est le véhicule idéal en tant que transmission en commun « d'un antique cimetière » (Barrès). Ernest Renan, lui, parle de « possession en commun d'un riche legs de souvenirs », du « désir de vivre ensemble, [de] la volonté de continuer à faire valoir l'héritage qu'on a reçu indivis ». Le remède à la crise de la citoyenneté serait de rétablir la nation comme âme et principe spirituel, c'est-à-dire comme le mortier qui assemble les pierres éparses.

Aussi, même si les élections sont des occasions de haine où les candidats se calomnient et se font des coups bas, il s'agit quand même de moments de vivre-ensemble, d'une compétition où chaque participant se doit de raconter sa vision de l'histoire et choisir les grandes figures du passé l'inspirant et donnant un souffle à ses idées.

Encore récemment, France Culture proposait pour les présidentielles un long entretien avec chaque candidat sur ce qui les animait et les inspirait dans notre passé. Chacun exposait ses références sur les ondes publiques. Très instructif pour les électeurs et les historiens ! Ce temps est révolu. La satisfaction de soi a depuis longtemps dévoré l'histoire. Elle est devenue ce culte du présent, dont Tocqueville craignait les effets, car elle n'a fait qu'une bouchée du récit traditionnel du passé. Les partis dits de gouvernement ne parlent plus que d'inflation, de taxation, de balance commerciale, de déficits et de flux migratoires, d'investissements publics dans l'écologie, par nature antéhistorique, etc. Dans le fond, ils ont abandonné le récit national aux autres formations politiques qui ont un boulevard devant elles parce qu'il est, depuis toujours, impératif de rattacher notre système économique et politique à une plus vaste perspective en étendant dans un passé et un avenir élargis les branches de notre histoire. Nous ne voyons plus que la surface et avons perdu de vue le sens des racines censées nous prémunir contre les tempêtes. C'est connu : les technocrates, bureaucrates et experts économistes ne goûtent guère la poésie du passé et oublient que l'histoire n'est jamais obsolète. On peut la détourner, mais on ne peut pas l'anéantir.

Quand on dénie ou mésestime l'histoire de son pays et laisse les démagogues raconter tout et n'importe quoi à son sujet, l'absurde se retrouve aux portes de la Cité. Rappelons ces deux articles de foi de la Constitution de 1958 : 1) le principe de la République est qu'elle institue le « gouvernement du peuple, par le peuple et pour le peuple » ; 2) « la souveraineté nationale appartient au peuple qui l'exerce par ses représentants et par la voie référendaire. Aucune section du peuple ni aucun individu ne peut s'en attribuer l'exercice. » Notre démocratie représentative serait en crise, entend-on partout. Mais qui raconte et met en avant son histoire ? Ce constat vaut aussi pour l'Union européenne. Sans la part poétique qu'offre le récit historique, nos institutions resteront un objet froid dont la légitimité paraît condamnée à décliner à mesure que le chant des origines, celui de 1789 comme de 1945, se dissipe dans le lointain.

La réécriture morale de l'histoire

La moralisation de l'histoire actuelle ne procède pas d'une meilleure connaissance du passé mais de son épuration par le moyen d'anachronismes nouveaux. Ces derniers sont pratiqués non pas par l'élite politique du régime, par en haut, mais par les mille strates mémorielles composant la société, par en bas. Chacun réclame à cor et à cri la reconnaissance d'injustices survenues il y a plusieurs siècles sans aucun souci de contextualisation des rapports de force et valeurs antérieurs. L'université française prête son concours à cette vague de dramatisation communautariste et mémorielle au détriment de ce qui fait science et moule commun dans l'histoire. Battre sa coulpe sur la place publique devient ainsi un sport national dans tout l'Occident, de Copenhague à Madrid en passant par Londres, Berlin, Paris, ce mouvement étant né dans les universités américaines où la censure est devenue la norme. Les romans nationaux sont bannis des grandes villes. Je reste encore choqué des images filmées à Londres de la statue de Winston Churchill prise pour cible par des militants totalement déculturés, modèles d'égoïsme malgré l'universalisme qu'ils disent défendre, eux qui ne sont que les voix d'un communautarisme à œillères.

Le mouvement a gagné la France grâce au concours d'une intelligentsia académique, médiatique et politique, que Jean-Pierre Le Goff assimile à du « gauchisme culturel », faisant le lit de l'extrême gauche par ruissellement. Sans nier l'intérêt des dissensus et de l'esprit critique pour faire évoluer la lecture du passé, nous pouvons nous demander si nous n'assistons pas à la tragique disparition de l'esprit humaniste d'une certaine idée de la France. Aujourd'hui, analyse brillamment Jean-Pierre Le Goff, « la société peut être considérée comme une sorte de matière amorphe, sans chair historique et sans imaginaire, qu'il faut à tout prix stimuler et mobiliser pour le “changement”. […] Ces réactionnaires d'un genre nouveau bouchent l'horizon de la jeunesse en cherchant vainement la répétition d'une histoire dont ils voudraient demeurer les héros. […] Nous sommes arrivés à un point limite où la dénonciation et la réécriture de l'histoire sous l'angle du moralement correct participent d'une détestation mortifère[12] ».

Ce jugement n'a pas seulement le mérite d'être clairvoyant sur notre malaise démocratique, pris à la gorge par les nouveaux censeurs, il est aussi le fait d'un ancien homme qui a milité de toute son âme en 1968 et qui en est revenu. Les personnalités de gauche sont les mieux placées pour déconstruire la déconstruction actuelle. Avec Le Goff, c'est toute une tradition critique et éclairée qui se poursuit, celle de Raymond Aron, François Furet, Marcel Gauchet, Élisabeth Badinter ou encore Caroline Fourest.

Ce que je loue chez la gauche ouverte, à savoir la capacité d'introspection, on ne peut pas le reconnaître aux intellectuels de droite. Ceux-là ont plutôt tendance au contraire à se radicaliser. En vérité, la droite n'a rien à envier à la gauche pour ce qui est de la réécriture binaire de l'histoire, comme en témoigne leur incessante demande que la république reconnaisse enfin le « génocide vendéen » commis sous la Terreur. Pour ces derniers, il ne s'agit pas uniquement d'une bataille historiographique, mais de la réhabilitation de la France catholique. Royalistes et bonapartistes sont unis dans ce combat contre l'ennemi commun, sans comprendre qu'ils reproduisent exactement ce qu'ils reprochent à leurs adversaires. En effet, ils reprennent à leur compte le discours des acteurs de la Révolution française, pour eux les royalistes de Charette et de Cathelineau, quand la gauche, elle, perpétue la rhétorique jacobine. À ce sujet, François Furet évoquait un « catéchisme révolutionnaire » promu par l'université. Ce clivage a muté, mais il n'a pas disparu. Si Ulysse a bien réussi, lui, à éviter les deux écueils mortels de Charybde et Scylla en passant le cap de la Sicile pour retrouver sa famille et son foyer, nous pouvons nous aussi nous frayer une voie entre ces deux extrémités qui nous menacent l'une et l'autre de naufrage. Aujourd'hui que le courant de François Furet n'est plus, il est de toute première urgence d'en raviver la flamme. Elle nous éclairera encore.

Tout le problème des démocraties actuelles est de trouver le juste milieu entre la nécessaire lutte contre la pente démagogique, de plus en plus glissante, et le danger des censures à l'emporte-pièce, celles que les parangons de vertu revendiquée délivrent comme autant d'anathèmes gratuits et arbitraires. Le propre des inquisitions est de ne souffrir aucune contradiction, et en cela d'être mortifères parce qu'elles empêchent l'évolution de l'intelligence humaine.

Aujourd'hui plus que jamais, comme le disait le juriste Planiol, le droit doit cesser où l'abus commence. La pensée des limites doit redevenir la norme. Rome le proclamait en son Antiquité : *Ne quid nimis* (rien de trop).

Jamais l'histoire de la Révolution ne fut toute noire ni d'une blancheur immaculée, elle est une de ces fresques en clair-obscur, où le sordide et le sublime vous saisissent en un instant, et pour toujours. Pour éviter qu'on ne la trahisse, il faut savoir la regarder dans ses contrastes.

2.

L'OMBRE DE NAPOLÉON ET DE ROBESPIERRE

Un homme avait un fils qui lui rendait visite. Un soir qu'il était ivre, le père regardait fixement par la fenêtre de son appartement la colonne Vendôme. Soudain, la statue s'anima et Napoléon descendit de sa colonne de bronze. Au bout d'un instant, on sonna chez l'homme ébahi qui s'écria : « C'est lui ! C'est l'Empereur ! Il est de retour. » Ce n'était que son fils en tenue de ville.

Il y aurait un livre à écrire sur le nombre de fois où des hommes politiques français de premier plan furent comparés au vainqueur d'Austerlitz. C'est un peu comme si Napoléon était appelé à descendre de sa colonne pour resurgir parmi nous à intervalles réguliers, sous les traits de dirigeants en costume cravate. Quelle hypothèse saugrenue ! C'est à se pincer pour s'assurer que l'on ne rêve pas. Il n'empêche que tour à tour Napoléon III, de Gaulle, Sarkozy, et maintenant Emmanuel Macron ont endossé l'habit du général d'Arcole. Passe encore pour Napoléon le Petit ou pour de Gaulle, ce Napoléon le Grand maniant la plume et l'épée[1]. Mais pour les autres ? De ce point de vue, jugeons que si le bilan de François Hollande a été positif sur un sujet, c'est qu'il n'a jamais été comparé, lui, à Napoléon ! Plus largement, que valent les autres comparaisons hasardées par quelque habile histrion ?

Comparaison n'est pas raison

D'abord, il faut faire l'éloge de la comparaison comme genre littéraire, sinon historique. Il y a un besoin social à comparer la grandeur et la bassesse, le beau et le laid, le présent et le passé. On peut comparer pour humilier. C'est ainsi que l'on se réfère à Louis XVI lorsque l'on veut pointer la faiblesse de caractère d'un gouvernant. On peut comparer pour dénoncer, avec plus ou moins de bonne foi. Pensons à Mitterrand s'en prenant au « coup d'État permanent » de De Gaulle. Enfin, la comparaison peut avoir valeur de sublimation lorsque quelque flatteur souhaite faire l'éloge de l'homme au pouvoir, une des plus célèbres étant le portrait qu'a proposé Virgile de l'empereur Auguste en Énée.

Avec Napoléon, le cas est particulier. Cela tient au fait que l'Empereur et en général les ouvrages de vulgarisation historique qui lui sont consacrés font vendre. Il a bonne presse, si l'on peut dire. N'est-il pas le personnage préféré des Français ? Qui n'est pas fasciné par son destin hors normes qu'on écorche un peu plus chaque fois qu'on le plonge dans l'ordinaire de notre monde ?

C'est que Napoléon est une figure protéiforme à laquelle on peut faire dire à peu près ce que l'on veut, comme autant d'interprétations d'un livre sacré. Il est à la fois le conquérant de l'Europe, le pacificateur de la France au sortir de la Révolution, le législateur qui codifia, le despote qui opprima, le triomphateur exaltant et le héros romantique défait à Waterloo. Dieu Janus, il est tantôt un « Robespierre à cheval » pour Madame de Staël, tantôt un Prométhée moderne pour Victor Hugo. Sa jeune fougue, son audace, son intelligence supérieure et même son autoritarisme légendaire peuvent, tant bien que mal, se mouler dans le corps de chefs d'État contemporains comme Nicolas Sarkozy ou Emmanuel Macron.

Il y a certes des personnalités de premier ordre qui ont un fonds commun d'orgueil et de génie politique. Comment pourrait-il en être autrement à cette échelle ? Cependant, le refrain a beau être agréable, la chanson doit finir. Ôtez la gloire des champs de bataille à Bonaparte et ce n'est plus Napoléon. Supprimez la Terreur, la guerre civile et religieuse à l'épopée napoléonienne et ce n'est plus la Révolution et l'Empire. Cette génération a vécu, et les artifices de la littérature ne sauraient convaincre que nous ne sommes pas des Pygmées à côté de ces temps héroïques et tragiques. Le sang coulait alors, et Napoléon versa le sien. Celui des autres surtout. J'avoue avoir frémi plus d'une fois en voyant les visages des présidents Sarkozy et Macron ajustés sur le portrait équestre de *Bonaparte franchissant le col du Grand-Saint-Bernard* dans le tableau de David, et avoir pensé que, si le ridicule ne tue pas, malheureusement il affaisse et tiédit. Hugo nous manque.

Pour autant, faut-il bannir les parallèles historiques du registre politique ? Ils ont beau être grossiers la plupart du temps, ils nous disent toujours quelque chose de vrai sur la nature des caractères, quand ils ne se limitent pas à divertir. Comparaison n'est pas raison, mais peut-on sérieusement échapper à cette mode journalistique, qui débouche sur l'infantilisation du lecteur ? Le problème est qu'aujourd'hui, à cause du déclin global de la culture historique, peu de monde comprendrait la comparaison du chef de l'État avec le dictateur Sylla, d'un opposant valeureux à la figure de Scaevola, ou d'un ennemi de la république à celle de Catilina. Ces références risqueraient de paraître prétentieuses, alors que tel était le niveau d'érudition des comparaisons historiques sous la Révolution. Robespierre était assimilé, le jour de sa chute, à un « nouveau Sylla », à cause de ses nombreuses proscriptions et purges. De nos jours, il ne reste plus qu'un lot fort réduit de personnalités historiques convoquées dans ce registre littéraire : Louis XIV pour le rayonnement ; Louis XVI pour la mollesse ou l'exécution, au choix ; Napoléon Ier pour l'amour de l'ordre ou de la guerre ; Clemenceau et de Gaulle pour la défense de la patrie et l'éloge de la République. Le reste s'est perdu en chemin.

Certes, il faut du grandiose dans la comparaison pour qu'elle soit frappante, mais l'absurde n'est jamais loin. Je pense notamment à la comparaison entre Nicolas Sarkozy et le maréchal Pétain, ou à celle qu'un professeur de la Sorbonne a faite entre Macron et l'empereur romain Néron[2]. Ce dernier fut prié de retirer son propos, mais il persista. Néron, qui assassina sa mère Agrippine, persécuta les chrétiens en les jetant aux lions (« *Ad bestias !* », lui suffisait-il de dire) non sans avoir brûlé Rome avant. Soit l'un des plus cruels et débauchés empereurs de l'Antiquité. Rome en flammes pendant six jours et quelques poubelles parisiennes incendiées forçant à annuler la visite de Charles III, c'est vrai que les deux situations se ressemblent à s'y méprendre[3]… De toute évidence, il y a abus de comparaison historique flagrant. Si l'on perd le sens des mots, alors toutes les violences du monde sont rendues possibles par l'enchaînement de la bêtise relativiste.

On saisit alors une chose : la comparaison en appelle à l'émotion de ceux qui la reçoivent. Pour en comprendre les puissants leviers, peut-être n'est-il pas inutile de penser que ce sont d'abord les acteurs politiques qui se contemplent eux-mêmes dans le miroir de l'histoire. N'est-elle pas une mine d'inspiration inépuisable pour eux ? Les révolutionnaires français se sont vus en modernes Démosthène, Brutus et Cicéron, qu'ils citaient abondamment. Homme de lettres, Napoléon ne cessa, sa vie durant, de se comparer aux conquérants de son espèce : Alexandre, Hannibal, César hantaient ses nuits, comme à Sainte-Hélène, où il faisait le compte de ses campagnes, jusqu'à les dicter.

Ainsi, la seule question que l'on est en droit de se poser, la plus cruciale d'ailleurs, reste : est-ce que le chef de l'État actuel, Emmanuel Macron, se compare aux hommes qui ont fait la France ? A-t-il cette conscience historique ? Dans la solitude de l'exercice du pouvoir, appelle-t-il lui aussi Napoléon à descendre de la colonne Vendôme une nouvelle fois ? À quel locataire du Louvre, magistralement mis en scène lors de son sacre républicain, a-t-il pensé ?

Quel modèle historique pour les politiques d'aujourd'hui ?

Impossible de répondre à cette question après avoir écouté son entretien sur France Culture avec Emmanuel Laurentin, lors de la campagne de 2017. Pragmatique et volontairement modéré, le futur président décrivit les valeurs de l'homme qui incarnerait parfaitement selon lui le « roman national » français : aspiration à l'universel, espérance dans le progrès, amour de la liberté politique. Le journaliste demande alors à Emmanuel Macron si c'est la raison pour laquelle il ne fait pas figurer Robespierre dans son panthéon des gloires nationales. Et le candidat de répondre que la « brutalité » ayant marqué l'exercice du pouvoir sous la Terreur, Robespierre ne peut raisonnablement être considéré comme un libéral. « Je me méfie de tous les grands purificateurs », a-t-il même ajouté. À l'Incorruptible, il préfère la figure de Danton[4].

D'autres, au contraire, ne jugent pas à mal l'héritage de Robespierre, ce qui n'est pas loin de manifester qu'il existe un véritable schisme intellectuel et philosophique entre deux représentations opposées de l'art politique. Ainsi, si Napoléon a la pénible tâche de descendre de la colonne Vendôme pour revenir parmi nous sous la forme d'un fantôme charismatique, Robespierre a de plus en plus la cote et est régulièrement sommé de sortir des catacombes parisiennes, où il repose en deux morceaux, pour descendre dans l'arène politique, sollicité par quelques voix souhaitant s'inscrire dans ses pas.

La gauche fait bloc derrière la figure de Robespierre, en souvenir duquel on s'apprête à ériger un musée dans sa ville natale d'Arras, tandis que la statue de Napoléon est devenue la pierre angulaire de la droite, au point que la moindre critique de son règne est vécue comme un insupportable ébrèchement de la légende impériale et une attaque intolérable à l'esprit civique, sinon patriotique. Sur ces deux figures, il est bien sûr difficile de jeter un regard impartial et dépassionné. Une lecture historique trop froide serait insipide, sinon ennuyeuse, mais une vision trop ardente dénature la réalité, enivre l'esprit et fait perdre le sens de la mesure.

Robespierre croyait tellement dans les droits de l'homme que, pour les défendre, il fit enfermer les tables où ils étaient gravés dans une malle au club des Jacobins et mena le gouvernement révolutionnaire le plus sectaire de notre histoire. Depuis, Karl Marx a condamné en bloc 1789 comme la prise du pouvoir de la bourgeoisie *via* la déclaration des droits, c'est-à-dire la sacralisation de la propriété. Quant à Napoléon, il n'a jamais cru une seule seconde dans la philosophie des droits de l'homme, trop abstraite et libérale à ses yeux. Dans le premier comme dans le deuxième système, la presse est muselée, contrôlée et réprimée, comme dans tous les États autocrates que l'on dénonce aujourd'hui. L'État de droit a été façonné tout au long du XIXe siècle contre ces deux figures, qui restent, chacune dans leur coin, la cinquième colonne mettant en péril la démocratie moderne. Est-ce un hasard si les seuls groupes politiques trouvant aujourd'hui des circonstances atténuantes aux régimes autoritaires sont les deux extrêmes ?

« Ni Robespierre ni Napoléon » a toujours été le leitmotiv des républicains libéraux et modérés. Vouloir nous forcer à choisir l'une ou l'autre dictature nous offre un chemin trop étriqué et biaisé.

Ce double refrain, appel à Napoléon d'un côté, à Robespierre de l'autre, est une vieille rengaine que nous traînons et réactivons au fil des années. Nous pouvons nous en plaindre, mais le pire ne serait-il pas qu'aucun courant politique ne cherche plus à inscrire son verbe et son action dans le legs des siècles passés où se sont illustrés leurs prédécesseurs ? Que serait pauvre un discours sans les références d'usage aux grands noms de notre histoire ! Les campagnes politiques perdraient à coup sûr de leur poésie. Encore faut-il manier les comparaisons sans la caricature habituelle, afin qu'elles continuent d'interpeller notre culture et de réveiller notre imaginaire. Napoléon et Robespierre sont à ce titre d'assez bons exemples de l'imagination et du pathétique de certaines postures qui en occultent souvent la face tragique. Laissons à Edgar Quinet le mot de la fin : « Souvent nous empirons nos maux récents en leur donnant des noms anciens qui ne sont pas faits pour eux. » Cette ultime réflexion se trouve dans son livre phare, *La Révolution*, précisément dans la partie intitulée « La société née de la Révolution[5] ». Et Quinet n'aimait ni Robespierre, ni Napoléon[6].

3.

JEAN-LUC MÉLENCHON : FAUX RÉVOLUTIONNAIRE, VRAI TROTSKISTE

L'élection présidentielle de 2022 a été marquée par la traditionnelle démagogie politique, cette maladie dont sont frappées les démocraties depuis des lustres. La manipulation de l'électorat s'est aussi manifestée par des récits fantaisistes sur notre histoire. Le trafic du passé à visée purement clientéliste a vocation à éblouir les électeurs aux dépens des faits.

Les déclarations d'Éric Zemmour en matière d'histoire ont largement été dénoncées par certains historiens, relayés par les médias avec une insistance vraiment remarquable. Mais, curieusement, pas un mot de ces mêmes universitaires sur les divagations du candidat de La France insoumise, Jean-Luc Mélenchon. Personne pour discuter réellement ses prises de position plus que douteuses quant à notre passé. Parsemés de références truculentes et de bons mots, les discours de ce gouailleur hors pair doivent néanmoins être auscultés comme les autres et pris au sérieux malgré le ton badin de l'orateur. Ce n'est pas parce que l'on débite des incohérences avec panache que l'erreur en est moins grave.

Or, le soir même des résultats du second tour, à peine Emmanuel Macron réélu, Jean-Luc Mélenchon s'est de nouveau hasardé sur le chemin de l'histoire en se fendant d'une sortie que personne n'a relevée, alors qu'elle méritait soit des éclats de rire soit des cris d'effroi. Le 24 avril, peu après 20 heures, il a déclaré : « Le bloc populaire réuni autour de ma candidature est dans ce pays, dorénavant, le tiers état qui peut tout changer. »

Peut-on encore parler de tiers état ?

En employant ce terme, Jean-Luc Mélenchon fait expressément référence au début de la Révolution française et à l'ouverture des états généraux au printemps 1789, quand le tiers état, c'est-à-dire ceux qui n'étaient ni nobles ni membres du clergé, décida de proclamer que la souveraineté était désormais nationale, découlant du peuple, et non plus monarchique. Il donna ainsi l'impulsion à une transformation profonde de la Constitution du royaume. Mélenchon cherche aujourd'hui à récupérer cet héritage glorieux pour se présenter, selon son habitude, comme le digne successeur des hommes de 1789.

Pourtant, il va beaucoup plus loin cette fois, en suggérant que le peuple, c'est lui. Un peu dans la continuité de ce qu'il avait craché au visage des policiers venus perquisitionner le siège de son parti : « La République, c'est moi ! » Il récidive, de manière plus fine, certes, puisque, en cas de tollé, il pourra biaiser en assurant que c'était un trait d'humour. Or, et c'est en cela qu'il y a tromperie, le leader de La France insoumise entend bien qu'on prenne au sérieux sa déclaration fantaisiste.

En faisant ce parallèle, Mélenchon désinforme de manière grossière sur la situation de la France en 1789. À l'époque, le tiers état n'était « rien » et désirait être « quelque chose », selon la formule de Sieyès. « Rien », c'est-à-dire que, par le procédé de vote par ordre, la noblesse et le clergé l'emportaient toujours sur cette troisième classe d'hommes, condamnés à n'être que les spectateurs de la politique des Grands. Or, n'en déplaise au candidat de l'extrême gauche, aujourd'hui, en France, la noblesse, le clergé et leurs privilèges de naissance sont abolis – et cela, depuis la fameuse nuit du 4 août 1789 –, de même que la souveraineté appartient au peuple, qui l'exerce par la voix de ses représentants élus à l'Assemblée nationale ou par voie référendaire. Rien à voir, donc, avec la situation très inégalitaire et injuste dans laquelle se trouvait le tiers état en 1789.

Ce n'est pas parce que le leader du parti des Insoumis est arrivé en troisième place de l'élection présidentielle que l'union des gauches peut se targuer d'être le tiers état d'aujourd'hui. La France de la Ve République est certes encore habitée par une tradition monarchique, dont on peut discuter le bien-fondé, mais la distinction du pays par ordres est révolue depuis 1789.

N'en déplaise au tribun, l'élection fait la légitimité, et, jusque-là, il n'est qu'un candidat du peuple français comme les autres, demandant les suffrages des électeurs comme les autres, ne possédant ni plus ni moins de droits que les autres. S'il était membre d'un hypothétique et invisible « tiers état » en 2022, il ne disposerait pas des mêmes droits que ses concurrents. De fait, il défigure le combat des députés de 1789.

Ces évidences, fallait-il les rappeler ? Oui, car l'idéal démocratique de 1789 est un bien historique national censé solidifier l'unité entre les Français. Et il serait temps de rappeler à Jean-Luc Mélenchon qu'il n'a pas le monopole de la Révolution française, de même qu'en vérité la Déclaration des droits de l'homme et du citoyen de 1789 est marquée par un esprit individualiste, faisant la part belle aux libertés individuelles.

Jean-Luc Mélenchon a donc parlé de la Révolution française avant et pendant l'élection présidentielle de 2022. Il en parle encore après. À ce rythme, c'est du rabâchage de vieux grincheux. En effet, début octobre 2022, le leader Insoumis a fait explicitement référence aux journées révolutionnaires d'octobre 1789 pour appeler les Français à manifester « contre la vie chère et le réchauffement climatique ».

De quoi est-il question cette fois ? Le fondateur de La France insoumise voit de nombreuses similitudes entre la crise économique ayant frappé la France en 1789 et celle d'aujourd'hui, les deux époques connaissant une inflation exponentielle. En octobre 1789, les Parisiennes avaient marché sur Versailles pour protester contre la rareté et la cherté des produits de première nécessité, journée au terme de laquelle la famille royale avait été conduite à Paris « sous contrôle populaire », comme l'écrit notre homme politique. Jusque-là, pas de problème. C'est ensuite que ça coince.

En effet, Jean-Luc Mélenchon se complaît d'ajouter que, le 16 octobre, date de la manifestation orchestrée par les Insoumis, les « femmes » (supposées du peuple) devraient s'animer à nouveau de rage et « faire mieux » que leurs ancêtres de 1789. Ce faisant, Jean-Luc Mélenchon appelle à un mouvement contestataire de grande ampleur. Mais deux choses pèchent cruellement dans sa comparaison, et je voudrais les rappeler en deux mots.

D'abord, le mouvement populaire des 5 et 6 octobre 1789 est essentiellement causé par la misère et le coût insupportable de la vie depuis des semaines en France, forçant les Parisiennes des Halles et des faubourgs à faire la queue aux portes des boulangeries depuis le milieu de la nuit pour quelques bouchées de pain afin de nourrir leurs enfants. Et encore, le pain était pourri. Le 5 octobre, 53 sacs de farine seulement ravitaillent la capitale. Du riz est distribué, mais cela ne suffit guère. Marat, qui vient de créer mi-septembre son journal *L'Ami du peuple*, décrit : « Toujours les boutiques de boulangers assiégées ! Toujours les horreurs de la famine à redouter ! Toujours le gouvernement accaparant les grains et nous enlevant ceux du royaume pour nous vendre ceux de l'étranger, pour nous faire acheter à poids d'or du pain qui nous empoisonne ! »

Bref, je doute fort que les ravages causés par la crise de l'automne 1789 aient quelque chose à voir avec la hausse actuelle des prix de l'énergie et la pénurie de quelques produits. Heureusement, aujourd'hui, la chaîne de solidarité évite massivement le fléau de la misère grâce à l'intervention de l'État et des associations. Il faut comparer ce qui est comparable.

Ensuite, vient le sujet de l'insurrection populaire proprement dite. La grande originalité de la Révolution française est d'être à la fois un mouvement impulsé par une élite éclairée, désireuse de faire advenir les principes des Lumières, et le surgissement de la foule comme acteur nouveau de la politique, faisant d'elle un élément inattendu et désormais incontournable de l'histoire des démocraties. Mais cette entrée en guerre du peuple, notamment lors de la prise de la Bastille, a été spontanée. Personne n'a dit aux insurgés parisiens de prendre la Bastille le 14 juillet prochain. Personne ne leur a demandé de le faire, ni ne leur a suggéré de faire preuve de courage ce jour-là. Ils se sont dressés spontanément et ont pris leurs armes sur le coup, parce que cela leur a paru, dans le chaudron des événements de juillet, une impérieuse nécessité.

Pourquoi rejouer la Révolution ?

Pareille spontanéité se retrouve le 5 octobre 1789. Ce matin-là, à l'heure où chantent les coqs, la place de l'Hôtel-de-Ville était encore tranquille. Le thermomètre affichait aux alentours de 7° C. Le bâtiment médiéval était presque vide. Les Parisiennes en avaient assez de faire la queue aux portes des boulangeries. Certaines n'avaient pas mangé depuis trente heures. Une jeune fille des Halles, s'étant emparée d'un tambour plus gros qu'elle dans un corps de garde, ameuta les mères qui firent cortège derrière elle. On demanda du pain aux autorités de la ville. La poignée d'irréductibles de l'aube avaient été rejointes par des centaines, et finalement des milliers. Puis, ce fut la marche sur Versailles.

La soudaineté de l'action, c'est justement ce qui lui confère toute sa beauté. C'est là d'ailleurs la grande différence entre la Révolution française et celle des bolcheviks de 1917. En octobre aussi, l'étrange hasard ! Les hommes de 1789 n'ont pas été téléguidés par des leaders révolutionnaires organisés et résolus, comme ce fut le cas à Saint-Pétersbourg lors de la prise du Palais d'hiver. En 1789, il n'y a pas de Trotski attendant qu'on lui apprenne que l'opération a réussi. À Paris, il n'y a pas de plan concerté d'insurrection, pas de violence légitimée avant qu'elle ne devienne nécessaire au moment où l'action se déroule.

Or, ce que nous révèle Jean-Luc Mélenchon, par ses tweets d'un courage forcé, c'est qu'il a la volonté d'organiser en amont le mouvement populaire, de lui donner son impulsion, ses codes, sa rhétorique, ses arguments, de lui dire : « tel jour tu frapperas à tel endroit ». Il désigne du doigt l'Élysée comme s'il s'agissait de rejouer la marche des femmes sur le château de Versailles pour enfin libérer le « peuple » en emprisonnant le « tyran ». En vérité, l'ancien sénateur montre qu'il est davantage un homme d'octobre 1917 qu'un tribun de 1789. Apparatchik mimant la Révolution par désespoir de ne pas pouvoir la faire pour de vrai, il est dépourvu de cet art français de la révolte, qui est toute spontanéité et jaillissement, et dont il n'a que les mots à défaut d'en avoir l'étoffe. En ce sens, Jean-Luc Mélenchon me fait un peu penser à Trotski, apprenant par ce fameux coup de téléphone la prise du château des tsars : loin du théâtre des opérations, sa main tremblait, c'était une émotion trop forte pour lui ; il voulut alors fumer une cigarette, qu'on dut lui allumer ; il avait arrêté de fumer depuis quelque temps ; la première bouffée de tabac lui fit l'effet d'un choc, et il perdit connaissance. Mieux valut en effet pour lui qu'il se tînt à distance des affrontements, car, là-bas, les gens se battaient pour de vrai.

La vérité est que Jean-Luc Mélenchon ferait mieux de ne pas se couvrir de ridicule en donnant sa vision communiste de la Révolution française, car ni les bolcheviks de 1917 ni nos modernes démagogues ne méritent d'être mis sur le même plan que les poissardes d'octobre 1789. Ou bien, s'ils les aiment tant, ils n'ont qu'à lire les livres retraçant leur histoire, au risque de se trouver minuscules.

Je serai toujours étonné par l'orgueil démesuré de cet homme politique qui donne l'impression de désirer faire une révolution pour la révolution. À moins que le véritable projet de son « bloc populaire » ne soit en réalité de proposer la Révolution des sans-culottes de 1793. Auquel cas, il faut le dire sans détour. Le suffrage universel tranchera, mais je doute fort que les Français soient enchantés par le retour de Robespierre et consorts. La première fois, ça ne leur avait pas vraiment réussi.

Néanmoins, s'il faut bien reconnaître une chose à Jean-Luc Mélenchon, c'est une certaine fidélité à sa radicalité, qu'il exprime depuis un certain moment déjà, même si elle ne fait que croître. À l'inverse d'autres qui louvoient sans cesse, bondissent d'une idée à l'autre, d'un parti à l'autre, avec des trésors d'opportunisme et de pragmatisme, lui fonce tout droit, même si c'est avec des œillères. Sa force réside dans sa capacité à donner le sentiment qu'il reste fidèle à ses convictions. Dans un livre paru en 2017 aux éditions de L'Observatoire, intitulé *De la vertu*, il dénonçait les deux maladies qui rongeaient selon lui la démocratie : la corruption et le mensonge. Vilipendant « les tricheurs et les corrompus » qui nous gouvernent, appelant à un contrôle plus strict de ces dirigeants qui « se coupent de la communauté humaine » et dont il faudrait annuler les mandats pour faute au besoin, Mélenchon prônait le retour à une morale publique sévère afin de combattre ce qu'il nomme « la face cachée » du pouvoir. Comment être en désaccord avec cela ? Qui se lèvera pour dire qu'il faut défendre la fraude et le vice ? Cette chasse aux impurs n'est pas sans rappeler le dogmatisme de tous ceux qui, en religion comme en politique, se pensent capables, avec beaucoup de volonté et autant de violence, de modeler le monde et les hommes à l'image de leurs rêves. « Malheur au pays qui n'a pas d'utopistes », diront certains. « Non, malheur au pays qui a besoin d'utopistes », leur répondrai-je.

Cela me fait curieusement penser à ce que disait Mirabeau de Robespierre avant que ce dernier ne soit appelé l'Incorruptible : « Il ira loin, il croit tout ce qu'il dit. » Mélenchon prendrait cela pour une flatterie. Il aurait bien tort.

4.

QUAND LE CINÉMA SE MÊLE DE POLITIQUE

Tous les films sur l'histoire de France n'ont pas cherché cet équilibre qu'on reconnaît au téléfilm de Robert Enrico, *La Révolution française* (1989). De manière générale, le bicentenaire de la Révolution donnait lieu à une dépolitisation de l'événement pour mieux rendre son histoire. Le tout paraissait équilibré et à distance des récupérations politiques. L'esprit d'unité de la nation française de 1789 dominait les cérémonies.

Dans un tout autre registre, le *Danton* d'Andrzej Wajda est, sur fond de Terreur de l'an II, une condamnation en règle du gouvernement des communistes à Varsovie. À sa sortie, en 1983, le film a été encensé par la droite et attaqué par la gauche, Danton s'y trouvant érigé en figure de l'antitotalitarisme dressé contre un Robespierre à l'allure de dictateur mégalomaniaque. Le spectacle ne fut pas au goût de l'Élysée, François Mitterrand ayant fait alliance avec les communistes pour se faire élire.

Voilà pour les années 1980. Au cours de la dernière décennie, deux films ont fait polémique en proposant deux visions radicalement opposées de la Révolution française. La politisation du cinéma historique revenait sur le devant de la scène avec, d'une part, un film pro-révolutionnaire se déroulant exclusivement dans le Paris des sans-culottes, et, d'autre part, une fiction antirévolutionnaire au possible retraçant l'épisode de la guerre de Vendée. Un duel à distance entre deux lectures diamétralement opposées de l'événement, dans lequel on peut percevoir aussi le clivage entre Paris et la Province.

La Révolution selon la gauche

Le film de Pierre Schoeller, *Un peuple et son roi*, sorti en salles en 2018, se veut une histoire populaire de la Révolution française. Le réalisateur a tenté d'en offrir une vision originale et renouvelée, produit de nos luttes et de nos divisions. Il s'agit de montrer la Révolution du point de vue des couches populaires qui l'ont faite. La reconstitution du milieu sans-culotte des faubourgs parisiens, peignant l'intérieur des chaumières des « gens de peu », ne manque pas de réalisme.

Il y a de l'élégance dans la misère de ces hommes et femmes en guenilles qui vivent au pied de la Bastille et assistent à sa démolition. On se croirait projeté dans un tableau de Louis Le Nain, avec ce jeu d'ombres et de lumières à même de restituer le sensualisme ouvrier de la fin du XVIIIe siècle. Les connaissances de l'historienne Arlette Farge, spécialiste du Paris de l'époque, ont été en cela mises à l'honneur, même si le personnage du paysan monté à Paris, interprété par Gaspard Ulliel, figure du bon sauvage accablé d'injustices, ne manque pas de rappeler Jacquou le Croquant. Par conséquent, la lecture qui est faite de la Révolution l'assimile à une jacquerie populaire qui réussit, mettant de côté l'œuvre philosophique des Encyclopédistes, ces révolutionnaires avant l'heure. Les lumières, dans le film, viennent de la destruction des créneaux de la Bastille qui permet au soleil de faire son apparition dans le quartier mitoyen de Saint-Antoine comme si, jusqu'en juillet 1789, le peuple croupissait dans la nuit.

Le peuple souverain, animé d'un sentiment de révolte, semble se libérer de ses chaînes. Et ce sont les femmes qui œuvrent les premières à ce changement en conquérant les droits naturels, les piques à la main, des chants patriotiques sur les lèvres, pendant les journées d'octobre 1789 ou celle du 10 août 1792, véhiculant ainsi un romantisme populaire dont elles seraient les amazones maternelles, la matrice de la Révolution. Le film est donc une ode à la conquête de la citoyenneté par les armes et les larmes de ces femmes. L'égalité des droits serait le flambeau de la seule volonté populaire, représentée par un Robespierre infatigable quand il s'agit de défendre le suffrage universel. La démocratie, enfantée dans la douleur par les vagues des insurrections populaires, serait l'œuvre des seuls véritables partisans de celle-ci, les plébéiens, soldats et héros du monde nouveau.

Le film de Pierre Schoeller est donc original et relativement actuel de ce point de vue. En faisant mine de poser une grande question sur les origines de notre République, ce film donne en réalité sa propre interprétation en réponse.

Un film de propagande ?

Trop d'omissions jalonnent l'œuvre, au point qu'on reste stupéfait devant le nombre d'approximations historiques. Il serait trop long de les nommer toutes. Retenons l'absence abyssale de toute violence commise par les militants révolutionnaires. Les hommes qui ont marché sur Versailles en octobre 1789 n'ont assassiné aucun soldat ! Les insurgés du 10 août 1792 ne se sont point livrés au meurtre de la garde suisse dans les abords du château des Tuileries ! Les massacres de septembre 1792 apparaissent comme un « détail » de l'histoire de la Révolution ; pire, ils sont cautionnés par Dieu. Enfin, comble des détours empruntés pour masquer les décapitations sommaires, la tête du marquis de Launay, plantée au bout d'une pique au moment de la prise de la Bastille, est remplacée par une miche de pain. Le film ferme les yeux sur les « atrocités » de la

Révolution alors qu'elles sont une part non négligeable de celle-ci. C'est que le peuple doit rester pur, bon de nature, selon l'image idéale qu'en a dessinée Rousseau, qui concluait pourtant qu'il ne saurait être gouverné par lui-même sans verser dans l'anarchie, le pire des régimes. Ce peuple incorruptible a la vertu du sacrifice, du don de soi, comme si le ressentiment, la haine, la jalousie, la cupidité ne pouvaient entrer dans son cœur.

Il y a dans cette œuvre quelque chose du film de propagande *Octobre* signé Eisenstein en 1928, rêvant la prise du Palais d'hiver par les bolcheviks.

Du coup, on glisse dans le manichéisme et dans une vision binaire de la Révolution où seuls les sans-culottes de Paris ont compris et défendu la liberté et l'égalité. Ce parti pris de glorifier les couches inférieures contre les bourgeois qui gouvernent reprend la thèse marxiste de la Révolution et le présupposé que la lutte des classes est le ferment réel de cette société en recomposition. Poncif parmi les poncifs, on retrouve alors l'idée (très en vogue) de la rupture entre les élites et la base. L'origine en remonterait à 1792. Qui incarne la classe dirigeante ?

D'abord, bien sûr, le roi, en tant que figure paternelle et spirituelle d'un autre âge. Ensuite, les députés eux-mêmes, ceux de la Législative comme ceux de la Convention, proclamée en 1793. Mais quelle force à combattre garantirait ces institutions qui nous gouvernent et qu'il faut abattre pour enfin être libres ? La réponse du scénariste (Pierre Schoeller lui-même) est claire : il faut détruire le droit qui institue, le droit qui opprime, le droit qui aliène. Il faut détruire la classe dirigeante (Marat et Robespierre exceptés) qui fait les lois au détriment d'un peuple condamné à être le cocu de l'histoire.

Une scène en particulier arrache des rires : on voit un citoyen, dans les tribunes de l'Assemblée, insulter un élu en l'appelant « transfuge ». Drôle de manifestation de la colère populaire contre les députés en séance, dénoncés en bloc pour leur opportunisme et leur capacité à se maintenir au pouvoir (sujet déjà abordé dans *L'Exercice de l'État*, du même metteur en scène). Les lois ne seraient qu'une chimère permettant à la bourgeoisie de se perpétuer.

Or qu'est-ce que le droit dans le film ? C'est la propriété de députés corrompus. C'est encore la Constitution. Les constitutions seraient responsables de l'échec de l'observation du droit naturel. Le peuple, Robespierre compris, l'aurait senti avant tout le monde : le roi ne saurait être une figure inviolable, garantie par la Constitution, parce qu'un roi serait la négation du peuple. Une phrase du film ne manque pas de reprendre le discours jacobin et robespierriste de 1793 : « En République le sang d'un roi porte bonheur. » Le roi devait donc mourir dès le début de la Révolution. Un peuple doit avoir la tête de son roi, et si la Constitution est un obstacle, alors il faut l'abolir. La thèse a effectivement triomphé en 1793 puisque Louis XVI fut jugé, condamné et guillotiné.

Mais derrière l'exécution royale du 21 janvier se dessine un appel à détruire tout ce qui, en France, évoquerait aujourd'hui, d'une manière ou d'une autre, la royauté, incarnation de l'inégalité. Ce film, œuvre de cinéma et fresque audiovisuelle, ne saurait passer pour ce qu'il n'est pas : il est à proprement parler un film politique.

L'histoire vient à la rescousse d'une vision politique contemporaine. Il est insinué que les inégalités perdurent scandaleusement en France, que la Constitution de la Ve République n'est qu'une monarchie républicaine qui ne demande qu'à être renversée comme un trône, et que le peuple est en droit d'entrer en résistance. Mieux, en révolution. La définition donnée d'une constitution dans le film est qu'il s'agit d'un « contrat comme un autre ». La tête de notre monarque républicain n'a qu'à bien se tenir. Certains la veulent, et même la réclament. C'est oublier pourtant que la meilleure façon de savoir ce qu'un peuple désire reste, jusqu'à preuve du contraire, le bulletin de vote et le système électoral. Chose complètement absente du film.

On ne s'en étonnera pas, tant le réalisateur porte à l'écran sa vision et ses ambitions politiques, comme il le révèle lui-même dans un entretien à *L'Obs* du 24 septembre 2018 : « On manque de révolution en France. » Ça a le mérite d'être clair. Est-ce que ce cinéma a un impact sur la jeunesse qui se rêverait un destin révolutionnaire ? Une chose est sûre : entre le discours des politiques et celui des artistes engagés, il n'y a qu'un pas étroit.

Les Chouans sur grand écran

De l'autre côté de l'échiquier politique, le long-métrage *Vaincre ou mourir*, consacré aux guerres de Vendée, nous fait quitter les faubourgs parisiens pour les marais de la côte atlantique. En salles en 2023, tourné avec seulement 5 millions d'euros de budget (contre 17 pour *Un peuple et son roi*), le film a pourtant réalisé autant d'entrées, presque 300 000. Produit par le Puy du Fou, *Vaincre ou mourir* s'inscrit dans la plus pure tradition d'une lecture hautement critique de la naissance de la République.

Présenté comme une épopée collant aux faits, le film retrace le combat du général de l'armée catholique et royale François Athanase Charette, entré en guerre contre l'État révolutionnaire. Œuvre de résistance contre le dogme d'une Révolution prétendument libératrice, le film reprend à son compte l'imagerie royaliste véhiculée depuis plusieurs décennies par les créateurs du Puy du Fou, dont le grand architecte est Philippe de Villiers. Il est notamment l'auteur du récit littéraire *Le Roman de Charette* (Albin Michel, 2012), qui s'est imposé ensuite comme le spectacle phare du parc d'animation proposant des reconstitutions de tableaux historiques de grande qualité.

Le film, qui a le mérite de montrer les atrocités commises pendant la guerre de Vendée par les troupes républicaines, véhicule la représentation politique et religieuse de l'histoire de France de Philippe de Villiers. Depuis plusieurs décennies, ce dernier mène une croisade contre la déchristianisation de l'Occident, tombé dans le piège de la mondialisation ultralibérale reléguant à la marge toutes les traditions enracinées dans nos mémoires et nos terroirs à travers les siècles.

Une chose est certaine : pour beaucoup de Vendéens, encore aujourd'hui, le traumatisme de la Terreur de 1793 ne passe pas, en particulier les mots du général républicain Westermann, annonçant fièrement dans son rapport à la Convention nationale après la bataille de Savenay : « Je n'ai pas un prisonnier à me reprocher. J'ai tout exterminé. » Philippe de Villiers s'est donc fait le porte-parole d'une tradition historiographique contestataire refusant de tresser des louanges à la République tant que celle-ci n'aura pas reconnu qu'elle a commis en Vendée un « génocide franco-français[1] » (pour reprendre l'expression de Reynald Secher, l'historien qui prend la parole au début du film).

À l'écran, on voit les crimes, mais on ne les qualifie pas juridiquement. Ce n'est pas le sujet d'un film. Pourtant, comment lire le récit de Charette sans avoir à l'esprit les prises de position de Philippe de Villiers, partisan du retour du principe de catholicité comme loi fondamentale de la France, ainsi qu'il l'a récemment défendu dans une tribune au *Figaro* datée du 12 avril 2023 : « Si nous récusons le lien de chrétienté intime entre la France et nos civilités ancestrales, nous allons mourir. [...] Il s'agit tout autant de notre temporel que de notre spirituel. Si on veut vivre en France, il faut accepter nos civilités : elles viennent toutes des charités évangéliques. »

Sans cesse, la vaillance dont avaient fait preuve les Vendéens sous la Terreur est évoquée à des fins politiques, comme ce 15 juin 2023 quand Éric Zemmour publiait sur Internet : « Aujourd'hui encore, ils continuent de résister face à ceux qui veulent voir la France disparaître. »

La guerre de Vendée est devenue la pierre angulaire de ce combat mémoriel qui est à la fois une lutte politique et spirituelle. C'est pourquoi le même Philippe de Villiers a refusé de s'émouvoir à l'occasion du bicentenaire de la Révolution, condamnant celui-ci à l'opprobre au nom des centaines de milliers de victimes civiles en Vendée, assimilées au bon petit peuple et épurées par les décideurs bourgeois parisiens. « Je porte plainte » contre les crimes révolutionnaires, écrivait-il dans une lettre ouverte datée de 1989 et adressée « aux coupeurs de têtes et aux menteurs du bicentenaire[2] ».

Ce positionnement se retrouve nécessairement sur grand écran, d'où la polémique qui n'a pas manqué d'éclater à la sortie du film. Aux partisans de la reconnaissance par l'État français d'un génocide en Vendée s'opposent les avocats autoproclamés des idéaux républicains. Chaque camp y est allé de sa tribune accusatrice, où l'indignation rivalise avec l'art de brocarder l'ennemi.

Un peu plus et on se serait cru revenus à l'époque des violentes diatribes du bicentenaire de la Révolution française. Néanmoins, entre 1989 et aujourd'hui, on remarque une différence majeure : à l'époque François Furet avait incarné une voix moyenne, ni réactionnaire ni communiste, permettant ainsi de faire la part du feu de la décennie révolutionnaire. À présent, notre époque voit se scinder en deux blocs l'interprétation de cette histoire tristement binaire et toujours idéologique. Or, on ne saurait la réduire à la sempiternelle guerre entre royalistes et républicains, entre blancs et bleus, entre ceux qui se voient qualifiés de partisans de la Terreur jacobine et ceux qui se trouvent affublés du qualificatif de contre-révolutionnaires. Ignorons-nous donc à ce point que c'est en adoptant une lecture manichéenne de notre histoire commune qu'on l'appauvrit certainement ?

Depuis toujours, le thème de la Révolution française est propice à ces outrances et récupérations historiques, quand elles ne sont pas politiciennes. La Révolution française n'a jamais été un objet froid et ne le sera jamais, mais il est regrettable, aujourd'hui, que ses interprètes la réduisent à un affrontement purement politique et passionnel.

En France, nous avons le culte du roman national, Napoléon étant au sommet de cette colline sacrée. C'est une chance d'avoir un tel prestige dans son passé, mais un piège aussi. C'est là que Philippe de Villiers pose une question essentielle : est-ce qu'on ne pourrait pas changer de récit national pour le « franciser[3] », comme il le suggère ? Bien sûr, cela serait possible. Mais n'oublions pas que Clovis, le fondateur de la France, a fait massacrer sa famille ; que Jeanne d'Arc a été trahie par des Français et même par le roi ; que Louis XIV, aussi rayonnant et lumineux qu'il ait pu être, s'est vu condamner par Fénelon pour ses guerres meurtrières ; que les Vendéens martyrisés ont offert nos côtes aux puissances étrangères, que Napoléon a rétabli l'esclavage, que de Gaulle a crucifié les pieds-noirs, et ainsi de suite... Il n'existe aucune vérité nationale et, s'il devait y en avoir une, il serait plus chrétien que les victimes fassent l'histoire.

Une histoire à la carte

Le récit de la guerre de Vendée est un cas d'école. Elle ne doit pas seulement être racontée à l'aune des atrocités qui ont été commises par les armées républicaines en 1793, mais étudiée aussi sous l'angle des tentatives de pacification de 1795. On découvre alors que le gouvernement révolutionnaire, après avoir mené une extermination méthodique de toute résistance, a pratiqué une politique de la main tendue. C'est ainsi qu'après la Terreur et la chute de Robespierre, des hommes comme Carnot ont appuyé et fait adopter une amnistie à l'Ouest en signant le traité de La Jaunaye, près de Nantes, par lequel les royalistes acceptaient d'enterrer la hache de guerre en échange d'avantages judiciaires et économiques. Le chef charismatique Charette (dont il est question dans le film) rencontra en personne, sous une tente, les représentants de la République. Mais quelques semaines après, il reprenait les armes pour appuyer le débarquement d'une armée émigrée, avec l'aide de la marine anglaise, à Quiberon. C'est pourquoi Charette a été fusillé en 1796. Un nouveau bain de sang fragilisa l'entente, qui n'était que de façade.

Au lieu de s'éterniser sur les massacres perpétrés des deux côtés, une autre histoire est à raconter : celle montrant le général républicain Canclaux prenant Charette dans ses bras, ou les généraux Hoche et Dumas père fraternisant avec les Vendéens, ou encore le royaliste Bonchamps ordonnant de libérer les prisonniers de guerre de l'armée révolutionnaire avant de mourir. Tout doit être mis dans la balance de l'histoire, et tout doit être regardé : or la polémique actuelle ne fait état d'aucun de ces épisodes plus nuancés.

Le film sur Charette aborde le sujet, ne l'occultons pas, mais la manière dont le récit est construit tend à responsabiliser le gouvernement révolutionnaire de la rupture de la paix à l'Ouest, ce qui est faux[4].

En réalité, moins qu'un débat, nous sommes en présence de monologues à œillères. Tant et si bien qu'aujourd'hui, faute de passerelles entre les clans, nous manquons de véritables passeurs d'histoire. Cette dernière se retrouve victime d'une pensée qui va en s'effritant. L'histoire de France menace de devenir une histoire à la carte où chacun pioche ce qui a gré à ses yeux, ce qui flatte son origine sociale, sa conviction religieuse ou son orientation politique.

La démocratie, qui garantit la libre expression des opinions de chacun, si elle est le terreau par nature de luttes intestines incessantes, doit aussi assurer l'homogénéité du corps social. Sinon, elle risque de sombrer dans l'égoïsme des représentations de notre passé. Heureuse de reconnaître la diversité des idées et des personnes, elle ne saurait oublier l'effort de bâtir un tissu historique apaisé, où chacun trouve sa place sans le mépris de l'altérité qui lui est consubstantielle. Car tout ne se vaut pas. Or, aujourd'hui, nous assistons à un regrettable pugilat où chaque école s'épuise à peindre d'opprobre la sensibilité de l'autre. Certes, comment en serait-il autrement dans une nation aussi disparate que la nôtre, offrant une telle diversité géographique, politique, religieuse, et donc culturelle ?

D'ailleurs, il est aisé de constater cette sécession intellectuelle : en histoire, les études révolutionnaires sont l'apanage de la gauche, là où les napoléoniennes sont le monopole de la droite, chacun s'efforçant de perpétuer la radicalité d'une tradition séculaire. L'analyse historique s'en trouve forcément rétrécie. Une tendance de ces dix dernières années, qui dénie à la Terreur son exceptionnalité, le démontre assez bien. Celle-ci est progressivement normalisée, et les violences de l'an II relativisées. Après tout, n'était-ce pas un gouvernement en crise comme il y en eut d'autres ? Les guerres de Religion n'étaient-elles pas déjà l'occasion de massacres ? Dès lors pourquoi ne pas écrire « terreur » avec une minuscule et des guillemets ? C'est ce qu'il se passe, certains universitaires allant même jusqu'à soutenir que la Terreur a été une « invention » des thermidoriens. À ce titre, il y a de quoi avoir peur par avance quant à la pédagogie qu'on trouvera dans le prochain musée Robespierre. Est-ce que la Société des études robespierristes, fondée par un universitaire militant revendiqué, Albert Mathiez, aura une fonction consultative ou décisionnaire ? Ne faudrait-il pas un moratoire sur l'installation et les conditions de fonctionnement de ce musée ? Je nourris exactement les mêmes interrogations au sujet des divers événements culturels organisés à la gloire de Napoléon par des admirateurs, officiels ou officieux, du Premier Empire. Il ne faut pas s'étonner après qu'on entende tout et n'importe quoi sur ces époques. Certes, l'impartialité est une chimère, mais il ne faut pas se moquer du monde non plus.

C'est en cela que les lectures venues de l'étranger sur notre histoire sont aussi essentielles que trop souvent minorées chez nous. Je peux citer la magnifique biographie de Bart Van Loo consacrée à Napoléon, en 2023. J'ai eu la joie d'en suivre la publication chez Flammarion et de côtoyer son auteur. Ce dernier a une approche critique de cette histoire, ce qui ne l'empêche pas de lui donner tout son souffle. Dans un tout autre genre, le *Napoléon* de Ridley Scott offre un tableau sombre de l'épopée impériale, en prenant des libertés historiques qui font hurler les spécialistes…

L'histoire orientée a néanmoins le vent en poupe, la Révolution comme objet historique faisant les frais de ces chants partisans. Deux exemples suffiront : en 1988, l'historien Michel Vovelle reprend le flambeau d'Albert Mathiez en publiant son discours prononcé au théatre d'Arras intitulé « Pourquoi nous sommes encore robespierristes » ; dans le camp des conservateurs, l'année 2008 vit la parution du *Livre noir de la Révolution française*, l'ouvrage collectif piloté par un dominicain, Renaud Escande, avec notamment la signature de Pierre Chaunu et de Jean Tulard, de l'Institut.

Entre ces deux pôles, peignant en noir et blanc cette histoire, on veut nous sommer de choisir, ce qui nourrit une forme de communautarisme historique, nous empêchant justement de faire nation.

Les schismes sont légion dans notre passé et les périodes d'unité toutes relatives. Le pugilat est la règle ; la concorde, l'exception. Cependant, le spectacle actuel d'une division partisane de notre histoire se renouvelle dangereusement ces derniers temps, au prix d'une extrémisation des prises de position sur le fond, et d'une hystérisation sur la forme. L'esprit de nuance est la victime de cette bipolarité, et nombre de personnalités politiques soufflent sur les braises de notre histoire pour se donner l'impression de pouvoir en contrôler le cours, en oubliant qu'il y a parfois des retours de flamme qui vous reviennent en pleine face.

C'est sans doute la raison pour laquelle l'historien et résistant Marc Bloch disait avec justesse : « Il est deux catégories de Français qui ne comprendront jamais l'histoire de France : ceux qui refusent de vibrer au souvenir du sacre de Reims ; ceux qui lisent sans émotion le récit de la fête de la Fédération. » Cet avertissement vaut aussi bien pour l'équilibre de la pensée que pour la qualité de l'approche de l'histoire. Avec le goût de l'ordre, Bloch revendiquait celui de la liberté. Et nous, démocraties fragiles autant que fières, nous avons le devoir d'entretenir cet espoir d'un peuple qui ne se désolidarise pas de son passé, mais dont nous nous faisons, chacun à notre échelle, les héritiers et les passeurs.

5.

LA TERREUR SELON PATRICK BUISSON

La Révolution française n'est pas un objet historique comme un autre. Sa nature hautement politique fait qu'on peut la décomposer et la décortiquer à loisir au gré des fluctuations de notre vie démocratique sans cesse en mouvement. D'où les polémiques historiographiques qui jalonnent son histoire depuis plus de deux siècles. Il faut sans doute en chercher la cause dans le fait que les événements de la décennie révolutionnaire sont teintés de philosophisme et de principes abstraits ayant donné naissance à notre conception de la liberté. Inséparable de ces querelles de fond, elle est un événement politique auquel chacun peut se référer, soit pour l'adorer, soit pour l'abhorrer. Bien qu'érigée en objet de science à la fin du XIXe siècle, la Révolution n'en a pas moins conservé son essence politique et polémique que l'historien est bien obligé d'admettre, souvent malgré lui. Tour à tour, philosophes, sémiologues, sociologues, économistes, psychologues, juristes, hommes de lettres ou de foi, Sisyphes à leur manière, ont tenté l'ascension de cette montagne de connaissances qu'est la Révolution, avec plus ou moins de succès.

Le politologue et conseiller du prince, Patrick Buisson, s'est essayé à cet exercice dans un livre paru en 2021 chez Perrin, *La Grande Histoire des guerres de Vendée*. L'ouvrage propose une réflexion sur la violence de la guerre civile à l'Ouest. Le résultat est un livre d'art structuré autour d'une idée centrale : la guerre de Vendée n'est autre qu'une guerre de Religion opposant, dans le bocage, le petit peuple paysan et catholique des provinces à la bourgeoisie parisienne à la tête du gouvernement révolutionnaire. D'un côté, la résistance de la France réelle et rurale à l'oppression des Jacobins. De l'autre, le terrorisme d'État d'une classe dirigeante dont l'idéologie tendrait à la destruction totale et sans pitié de la Vendée, incapable de Lumières, inassimilable aux progrès de la Raison. De ce conflit légendaire aurait résulté « le premier génocide idéologique » de l'histoire, faisant des révolutionnaires de l'an II les bourreaux de la Vendée, les ennemis du genre humain, les précurseurs des crimes de masse du XXe siècle. Cette thèse est un classique de l'historiographie de tendance contre-révolutionnaire et royaliste.

Un procès fait à la Révolution

Sans nier aucunement les crimes commis par la Terreur jacobine à l'Ouest, il est nécessaire de pointer le rôle causal du contexte de guerre civile et d'affrontements militaires terribles dans le débordement de violences de part et d'autre dans ces départements. Les circonstances ne sauraient, il est vrai, expliquer le caractère idéologique de cette lutte à mort entre deux France. Cependant, la grille de lecture de l'auteur dépasse de loin le seul cas de la Vendée puisqu'il s'agit de condamner en masse le projet de régénération opéré sous la Révolution consistant à fonder un homme nouveau arraché à son passé comme à la religion de ses ancêtres, le catholicisme. La radicalité du projet d'une République une et indivisible aurait présidé à une vague d'épuration massive en Vendée. Ce faisant, l'auteur exploite le degré extrême de la violence à l'Ouest pour condamner dans son ensemble l'œuvre de la Révolution et rattacher celle-ci à la barbarie nazie et aux grandes purges staliniennes.

Ce procès à charge se fonde sur les travaux de François Furet, qui a établi un parallèle entre la nature idéologique des projets de régénération du corps social et la violence inouïe des moyens politiques et judiciaires employés pour éliminer toute opposition ou voix dissidente dans les régimes autoritaires. Ce que Mona Ozouf nomme « l'anachronisme des moyens », pour qualifier le paradoxe entre la promesse libérale de 1789 et le règne de l'arbitraire au temps du Tribunal révolutionnaire, se justifie afin de penser la Terreur d'État de 1793-1794 et apporter un socle de réflexions sur les régimes totalitaires du XXe siècle qui ont en commun d'avoir érigé et théorisé la violence politique en acteur de l'histoire dès avant les révolutions nazie et bolchevique.

Or, ce n'est pas le cas pour les révolutionnaires de 1789 qui n'ont jamais théorisé la violence comme une nécessité de l'histoire. La nuance est de taille et doit être rappelée pour ne pas confondre les révolutions entre elles. Les pères de la Déclaration des droits de l'homme ont condamné le recours à l'arbitraire et n'ont mis en place un système de répression politique que par la suite, afin de faire respecter l'ordre public et de maintenir un semblant d'unité du gouvernement révolutionnaire, au nom d'un idéal égalitaire républicain qui tranchait avec les mœurs provinciales et catholiques de la majorité du pays.

En proposant une lecture de la Révolution française basée sur la seule condamnation de la violence terroriste et idéologique de 1793, Buisson livre une réfutation en bloc de la décennie révolutionnaire, perd tout sens de la mesure et jette le bébé avec l'eau du bain, alors même qu'il condamne, par ailleurs, toute vision manichéenne de l'histoire. Patrick Buisson adopte la même démarche en regardant lui aussi la Révolution comme un bloc, mais pourri cette fois, afin de jeter le discrédit sur les législateurs révolutionnaires. C'était déjà la thèse de Joseph de Maistre qui écrivait : « Il y a dans la Révolution un caractère satanique qui la distingue de tout ce qu'on a vu, et peut-être de tout ce qu'on verra[1]. » La Révolution est condamnée dans sa totalité.

Cette lecture sciemment contre-révolutionnaire risque de tomber dans le piège de l'histoire-bataille qui opposerait les amis du genre humain aux méchants, précisément ce dont François Furet a voulu s'écarter tout au long de ses travaux. La vision binaire lui était odieuse, et c'est la raison pour laquelle l'argument du bloc lui paraissait réduire et appauvrir ce champ d'études.

Il est donc plutôt byzantin de suivre la pensée de Patrick Buisson sur ce terrain, François Furet à l'appui comme il le fait. L'auteur du *Passé d'une illusion*, tout en pointant les similitudes entre les despotismes de tout genre, désireux de réformer l'histoire sur la base de concepts abolissant le réel de la nature humaine, n'a eu de cesse, à la manière de Hannah Arendt ou d'Albert Camus dans *L'Homme révolté*, de contester la thèse marxiste d'après laquelle seule la bourgeoisie aurait fait la Révolution ; c'est la raison pour laquelle Furet fait remonter la période révolutionnaire aux réformes de Turgot, pour mieux souligner la lutte politique, plus que sociale, des parlementaires d'Ancien

Régime contre l'autorité royale. Le point commun des révolutions est au contraire la haine du bourgeois, et il y a matière à douter lorsque Patrick Buisson reprend la thèse d'une révolution faite par la bourgeoisie au détriment du peuple. Certes, il y eut bien un « schisme religieux », ainsi que le souligne Patrick Buisson, mais il ne faut pas perdre de vue la complexité de cette époque, qui ne saurait être réduite à un terrorisme d'État.

Thermidor et le combat de la liberté

La Révolution n'est pas résumée dans la Terreur de l'an II. L'étude de la chute de Robespierre le 9 thermidor suffit à le démontrer. Patrick Buisson a beau jeu de condamner l'œuvre des révolutionnaires en mettant l'accent sur la Terreur, mais il fait mine d'oublier que ce sont les révolutionnaires eux-mêmes qui ont envoyé à la guillotine Robespierre, Saint-Just, les terroristes de la Commune de Paris, Fouquier-Tinville, les anciens membres du Tribunal révolutionnaire, et surtout Carrier, le bourreau de la Vendée. En 1795, la Convention nationale a fait un procès à la Terreur et l'a condamnée, a rétabli la liberté des cultes, amnistié les rebelles vendéens et signé l'armistice à l'Ouest, qui auraient pu mettre un terme aux guerres de Vendée, sujets que l'auteur expédie en deux paragraphes. Or, cette autoréforme de la Révolution par les révolutionnaires eux-mêmes est déterminante pour comprendre la pluralité de courants de pensée et de lignes politiques de la décennie. Ce n'est pas une intervention militaire extérieure, anglaise ou autrichienne, qui met fin à la Terreur, mais les membres de la Convention eux-mêmes qui mettent à bas le Comité de salut public. La Révolution est donc plurielle et ne saurait être réduite à la Terreur, qui ne dura qu'un peu plus d'un an.

Soljenitsyne est cité à bon droit dans la préface rédigée par Philippe de Villiers pour mettre en perspective les points aveugles de tous les régimes liberticides. Mais une phrase de l'auteur de *L'Archipel du Goulag* ne passe pas inaperçue au début de l'ouvrage : « Nous n'avons pas eu de Thermidor. » Il faut en conclure que les révolutionnaires de 1789 ne sont pas d'un bloc de marbre et ont voulu corriger, à partir de l'été 1794, le dérapage de la Révolution dans la Terreur, afin de proposer un état des lieux critique de son bilan. Cette capacité de remettre en cause le poids de la violence arbitraire dans la politique révolutionnaire eut pour conséquence d'interpréter la Terreur comme une parenthèse malheureuse et criminelle de la Révolution. Celle-ci doit donc être appréciée à la lumière des événements qui jalonnent son cours, même s'il est vrai qu'elle demeure le moment solsticial, avec 1789, de cette aube de la liberté moderne et des temps nouveaux.

Le réquisitoire que dresse le politologue contre la Révolution est donc trop binaire pour n'être pas excessif. En outre, dans un entretien accordé à Nicolas Demorand sur France Inter le 21 novembre 2017, Patrick Buisson hasarde un parallèle entre le terrorisme d'État jacobin et le terrorisme islamique.

Il est sans doute intéressant, aujourd'hui, de penser la Révolution française à l'aune du totalitarisme islamique, puisque l'histoire de la Révolution est politique et, par destination, un objet historique qui interpelle le pacte social français, la nature et l'esprit de notre modèle démocratique. François Furet s'était illustré dans cette voie, dans les décennies suivant la Seconde Guerre mondiale, pour renouveler les problématiques liées aux usages de la violence politique d'État à travers les âges. La science politique, une approche historique ouverte et du long terme (l'histoire-problème), de même que les travaux de Raymond Aron, l'ont guidé sur cette voie périlleuse, mais néanmoins indispensable pour saisir les excès dont notre modernité est capable, avec en ligne de mire la mise en garde contre le danger des nihilismes d'État brimant les libertés individuelles nécessaires à notre vie démocratique et à la libre expression de l'opinion publique.

Reste à garder la mesure de toute chose. On peut toujours trouver des ressemblances entre les époques de l'histoire où un gouvernement pratiqua l'extermination de catégories de personnes. Il suffit de penser aux guerres de Religion opposant catholiques et protestants, ou au massacre des populations cathares, voire à l'Inquisition espagnole dirigée contre les « conversos » et aux tueries de masse d'Indiens par les conquistadors, qu'avait dénoncées Las Casas. Toutes les vagues de terreur idéologique ont plusieurs points en commun.

Dans un article paru dans *La Revue des Deux Mondes* de février-mars 2016, Lucien Jaume a déjà eu l'occasion de souligner des points de rencontre entre la terreur politique des Jacobins et celle des fanatiques islamiques. L'article, intitulé « Observations sur l'esprit terroriste : 1793 et 2015 », insistait sur le caractère religieux du projet de régénération jacobine, et reprenait ainsi, en partie, le discours antirobespierriste des thermidoriens eux-mêmes. Ces derniers avaient, dès 1795, procédé à une analogie entre le fanatisme religieux islamique (le mahométisme, disait-on) et les nouvelles formes d'idéocraties, plus politiques. Voltaire avait écrit contre les inquisitions religieuses de toutes sortes qui prêchent l'intolérance et la violation du droit naturel humaniste. Les thermidoriens ont repris cet argumentaire pour l'appliquer aux terroristes de l'an II. Le président du tribunal d'Amiens, chargé de juger les crimes du député en mission Joseph Lebon, affirmait par exemple :

> Si nous ouvrons les fastes de l'histoire, nous verrons que, dans tout temps, le fanatisme a été la principale cause des maux qui ont désolé le monde entier. C'est

le fanatisme qui a allumé les guerres les plus sanglantes. C'est sur les autels d'un Dieu de paix et de miséricorde que les Jacques Clément, les Ravaillac, les Damiens ont assassiné... C'est le fanatisme qui a allumé les bûchers de l'Inquisition. C'est le fanatisme qui a armé le frère contre son frère, le père contre ses propres enfants. Une autre espèce de fanatisme, non moins dangereuse, vient de ravager la France, et d'infecter de ses poisons notre malheureuse patrie.

Le magistrat parle du fanatisme jacobin. Il peut donc exister des similitudes entre les fanatismes religieux et politique, mais toute analogie est à prendre avec d'infinies précautions.

Patrick Buisson pousse la réflexion jusqu'à faire une analogie entre le meurtre d'un prêtre en Normandie par un terroriste islamiste, en juillet 2016, et les atteintes à l'encontre des biens et des personnes d'Église sous la Révolution. Les Jacobins, pour anticléricaux qu'ils furent, n'ont rien à voir avec le terrorisme islamique qui est un fléau contre toute espèce de civilisation, à l'inverse des législateurs montagnards qui appartiennent à la culture des Lumières et à la philosophie encyclopédiste. Là encore, il ne faut pas omettre que ce sont les révolutionnaires républicains eux-mêmes, qui ont, à partir du 9 thermidor 1794, rouvert les églises, proclamé la liberté des cultes et dénoncé le vandalisme des sans-culottes hébertistes.

L'idée d'une filiation entre l'anticléricalisme du XVIIIe siècle, qu'on retrouve déjà chez Voltaire, Rousseau et Diderot, et la haine de la civilisation chrétienne, présente chez Daech, est vidée de sa substance par le fait que les djihadistes condamnent en bloc la société démocratique dans son ensemble, l'esprit de tolérance religieuse et la liberté de l'homme moderne. Toutes choses que Lamartine, Hugo et Quinet rattachent à la tradition spirituelle française, persuadés que l'histoire est un progrès en perpétuel mouvement. L'universalisme libéral des droits de l'homme, issu des Lumières, a été une conquête de la Révolution qui est passée par vents et fracas pour parvenir jusqu'à nous. Et ce n'est peut-être pas un hasard si lors des manifestations populaires de janvier 2015, après la tuerie des journalistes de *Charlie Hebdo*, beaucoup se sont précipités en librairie pour acheter le *Traité sur la tolérance* de Voltaire, clamant ainsi leur attachement à la perpétuation de l'idéal de liberté, face aux anti-Lumières.

6.

LA DROITE CONTRE L'ÉTAT DE DROIT

Haro sur l'État de droit ! Tel semble être le leitmotiv et le cri de ralliement d'une certaine droite, que l'on pourrait qualifier d'illibérale ou d'autoritaire, si l'on n'osait l'appellation extrême. En effet, dès qu'un fait d'actualité tragique nous émeut et nous serre à la gorge, on voit aussitôt toute une série de personnalités politiques et de commentateurs s'engouffrer dans la brèche pour responsabiliser ce qu'ils nomment l'État de droit. Ils entendent par là les décisions de justice ou de l'administration ayant, sur le fondement du respect des libertés fondamentales et des garanties individuelles, contribué au laxisme généralisé dans lequel s'est embourbé l'État démocratique moderne. Ce tir croisé sur notre justice et sur le fonctionnement de nos institutions politiques et judiciaires a le mérite de mettre sur la table une réflexion d'ampleur sur notre modèle démocratique et ses lacunes. Dans un État libre comme le nôtre, il est absolument essentiel d'interroger les consciences afin de les éveiller aux maux que nous traversons ainsi qu'aux solutions potentielles qui nous en guériraient.

Mais cette bataille contre l'État de droit n'est-elle pas menée par des espèces d'hidalgos se battant contre un moulin à vent ? Aucun d'entre eux ne se risque à définir précisément ce qu'est l'État de droit et les contraintes qu'il recouvre. Théorisé à la fin du XIXe siècle par le juriste autrichien Hans Kelsen, de l'école germanique du droit – le premier à avoir qualifié le concept de hiérarchie des normes –, l'État de droit n'a cessé depuis d'évoluer dans sa définition et ses modalités. Aussi est-il plus que jamais indispensable aujourd'hui de redéfinir ses contours et son histoire afin d'éviter que l'on ne vienne nous chanter tout et n'importe quoi sur des notions aussi essentielles. Certes le concept a fluctué et évolué depuis un peu plus d'un siècle, mais on observera que ceux qui le critiquent le plus sont aussi ceux qui le définissent le moins.

Un anti-Léviathan

En cas de doute lexicologique, je sors toujours mon Cornu. Gérard Cornu est l'auteur du dictionnaire *Vocabulaire juridique*, best-seller en droit. L'État de droit, peut-on y lire, est « un ordre juridique dans lequel le respect du droit est réellement garanti aux sujets de droit, notamment contre l'arbitraire (concept en faveur dans le discours philosophique et politique renvoyant à l'affirmation idéale de la subordination de l'État au droit)[1] ». Cette création doctrinale a une vocation : faire en sorte que l'État soit autolimité dans tous ses actes (règlements, lois, etc.) par un droit supérieur et antérieur que sont les principes généraux du droit, aussi appelés libertés fondamentales. Ainsi, les gouvernements sont encadrés et limités dans leur capacité de nuisance à l'égard des citoyens, ces derniers étant des individus sujets de droit. En pratique, cela implique que le légalisme issu de la Révolution française, expression du souverain, est contrebalancé et même dominé par les valeurs libérales fondant notre démocratie comme État de libertés. La séparation des pouvoirs est le socle indéboulonnable de cet ordre juridique, le juge se trouvant au bout de la chaîne juridique en ce qu'il applique le droit existant aux individus. Il est le rouage essentiel car, *in fine*, c'est à lui que revient le dernier mot. Tout compte fait, ainsi que l'a écrit Michel Miaille, un spécialiste de la question, « l'État de Droit, c'est l'anti-Léviathan[2] ». Il a une fonction régulatrice et surtout protectrice.

Le danger survient lorsque l'État de droit est porté à l'excès. En effet, il affiche des limites certaines depuis que le juge constitutionnel a intégré, en 1971, les droits de l'homme au bloc de constitutionnalité, engendrant conséquemment l'affaiblissement systématique du législateur, désarmé par les techniciens et les jurisconsultes.

François Mitterrand était parfaitement conscient de la nécessité de rationaliser notre système de droit et avait réuni les meilleurs spécialistes de la question. L'un d'eux, Jean-Louis Autin, n'hésitait pas à tirer à boulets rouges sur les failles de l'État de droit : « La loi a cessé d'être cet acte inconditionné et incontestable magnifié depuis l'époque révolutionnaire. [...] La loi est ravalée au rang du règlement ; elle est devenue une norme juridique normalement critiquable car susceptible comme les autres de porter atteinte aux libertés publiques[3] ! »

C'est l'équilibre qu'il faut s'efforcer de maintenir. L'État de droit ne saurait affaiblir la nation dont il est l'émanation, ni tétaniser l'État dans sa lutte contre les ennemis de l'intérieur, au nombre desquels comptent les islamistes qui se couvrent de nos principes généraux et généreux pour mener en toute impunité leur combat contre la France. Mais comment penser cet équilibre aussi fragile qu'indispensable ?

La réflexion ici proposée a vocation à évoquer ce sujet dont notre passé a été tourmenté et dont notre avenir risque de l'être encore plus si l'on ne s'efforce pas de distinguer l'essentiel du secondaire, le général du particulier. Faut-il qualifier d'extrême la droite qui dénonce l'État de droit non seulement dans ses excès ou ses dérives mais jusque dans ses fondements ?

À première vue, il faut le dire franchement, comment donner tort à ceux qui s'indignent de décisions de justice si permissives qu'elles peuvent être considérées en partie comme étant à l'origine des drames martelant notre actualité de sang innocent ? Mille exemples cruels mettent en scène des décisions de justice ou administratives partiellement voire pas du tout exécutées. Citons l'affaire Lola, en 2022, cette petite fille de 12 ans retrouvée dans une malle dont l'assassin est une femme ayant fait l'objet d'une obligation de quitter le territoire français (OQTF)… restée lettre morte. Combien de malheurs comme celui-ci n'ont pas été prévenus et empêchés, faute d'une réelle rigueur dans l'exercice de l'État, révélant aux yeux de tous ses défaillances abyssales ! Citons encore en 2023 l'odieux assassinat du professeur de français Dominique Bernard à Arras, au sein même de son collège, par un fiché S étranger d'origine tchétchène dont la famille avait fait l'objet de plusieurs signalements pour faits de radicalisation islamiste. Sous la pression d'associations militantes des droits de l'homme, le cabinet du Premier ministre Manuel Valls avait fait suspendre l'expulsion.

Juge laxiste, juge inique. Politique laxiste, politique inique. Tout se tient en effet. Et les leaders politiques de toutes les droites au sein des oppositions ont eu raison de responsabiliser les classes politique et judiciaire ayant causé, par ricochet, tous ces carnages. Mais posons-nous la question avec un peu de sincérité intellectuelle : est-ce que l'écœurement incurable à l'égard des coupables et la compassion absolue pour les victimes, émotions fortes du moment, doivent nous convaincre que l'État de droit est pour autant la cause supérieure et originelle de ces atrocités ?

Zemmour : le peuple contre le droit

Aussi douloureuses soient-elles, ces affaires ne sauraient être récupérées démagogiquement par l'opposition, qui cherche à s'approprier par le fait divers et non l'appel à l'histoire l'émoi de l'instant. Ce n'est pas ainsi qu'agissent les hommes d'État. Ils ne recueillent pas seulement les larmes de l'heure présente mais aussi celles qui ont coulé et eu le temps de sécher. Sans parler de celles en germe censées leur importer plus que nulle autre.

D'une certaine manière, même si cela a pu déplaire, Éric Zemmour a été pendant les élections présidentielles de 2022 un candidat qui, tout en posant un diagnostic d'ensemble sur notre société, s'est efforcé de récupérer les vagues d'émotion traversant notre société chaque fois qu'un fait divers nous met une piqûre d'adrénaline républicaine au cœur. Qu'il ait raison ou non, reconnaissons au moins qu'il a eu une approche historique globale. Marine Le Pen, après avoir tiré les enseignements des dérapages de son père, s'est murée, elle, dans le silence, abandonnant le terrain à plus aventureux qu'elle. C'est sans doute la cause secrète de ses succès. Elle fait dans le social, et non plus dans l'histoire.

Comme à son habitude, Éric Zemmour n'a pas fait dans la mesure. Son obstination à vouloir systémiser, afin de comprendre dans leur globalité, les grands problèmes que soulève l'État de droit, l'a empêché de proposer une lecture nuancée sur le sujet : pour lui, l'État de droit est non seulement distinct de la démocratie, mais il en est l'exact opposé. La démocratie ne représente-t-elle pas le pouvoir du peuple, quand l'État de droit incarne, lui, le règne des individus ? Afin de redonner de la puissance à la volonté politique et des marges de manœuvre renforcées au gouvernement, il condamne dans son ensemble l'État de droit, en tant qu'il briderait l'action des élus du peuple. Dit comme ça, ça paraît simple comme bonjour : les juges n'ayant pas vocation à appliquer la volonté de l'exécutif et y faisant obstacle par leur rôle de défenseurs des libertés individuelles et du droit au sens large, il est nécessaire de leur retirer leur faculté d'empêcher.

En ce sens, Zemmour s'appuie sur Montesquieu qui, tout en plaidant pour la séparation des pouvoirs, voulait cantonner les juges à n'être que des « bouches prononçant les paroles de la loi ; des êtres inanimés qui ne peuvent en modérer ni la force ni la vigueur ». L'essayiste privilégie la loi contre le droit, réveillant ainsi le vieux clivage de l'histoire française depuis le XVIIIe siècle et l'invention du droit naturel. Le candidat fait table rase de cette conception d'un droit naturel supérieur juste, c'est-à-dire des droits universels de l'homme, au nom de la promotion de la loi, seule légitime car découlant de l'expression populaire, le peuple étant souverain.

Ce faisant, il ne veut pas seulement balayer les excès (avérés, il faut le dire) de l'État de droit, mais aussi éradiquer sa doctrine même. Il s'agit pour lui de passer au kärcher notre modèle étatique et démocratique actuel.

Où est 1789 ?

Connaissant son histoire de France, parce qu'il aime et lit l'histoire (ce qui ne l'a pas empêché de s'être embourbé dans l'affaire de Vichy), c'est de ce côté qu'Éric Zemmour va chercher les précédents et les fondements de son projet de refondation de l'État français. À l'écouter, la Terreur ne fut que l'application de la loi, Robespierre étant un éminent légaliste et même un grand homme, parce qu'il se savait la lourde responsabilité de défendre le salut public, quitte à outrepasser le droit. On ne s'étonnera pas non plus de son éloge de Napoléon Ier, maître *ès* gouvernements, l'homme de la raison d'État qui a su abroger les déclarations des droits de l'homme pour mieux accoucher du code civil.

Au détour de ces récits historiques, Éric Zemmour lapide la théorie des droits de l'homme comme une fumisterie et une vue de l'esprit, selon le modèle et le précédent napoléonien dont il souhaite se faire l'héritier à sa manière, comme s'il existait une sorte de continuum entre les tenants du bonapartisme autoritaire, ainsi que Frédéric Bluche et René Rémond l'ont décrit[4].

Je me souviens de son discours de campagne, le 27 mars 2022, sur la place du Trocadéro. À l'instar de François Fillon ou de Nicolas Sarkozy avant lui, il avait su réunir une foule parée des couleurs de la nation. Dans la longue liste des grandes figures et journées de l'histoire de France à même de constituer son roman national, il cite Jeanne d'Arc, Louis XIV, Bonaparte et l'armée impériale (à raison), mais il oublie de mentionner 1789 et les droits de l'homme. Peut-on faire l'économie en France de 1789 et du 14 Juillet, notre fête nationale ? Ça ne peut pas être un hasard parce que, précisément, l'estrade du candidat-orateur se trouvait sur le parvis des droits de l'homme, habillé de cocardes et de drapeaux tricolores, avec la tour Eiffel élancée en toile de fond.

Or, puisqu'il connaît aussi bien son histoire de France et qu'il a une culture générale certaine, Zemmour ne pouvait ignorer que c'était au palais de Chaillot, jouxtant le parvis, que fut adoptée en 1948 la Déclaration universelle des droits de l'homme. Il ne pouvait ignorer que les couleurs de la nation française datent de la crise de juillet 1789 et que c'est dans la foulée de celle-ci que notre Déclaration des droits de l'homme et du citoyen fut proclamée. Il ne pouvait ignorer que la tour Eiffel a été élevée pour fêter le premier centenaire de la Révolution française de 1789. Mais, malgré tout cela, pas un mot sur 1789 et les droits de l'homme.

De même, rien, absolument rien sur 1789, dans la vidéo de lancement de sa campagne, sur le format de l'appel à la nation. On y découvre une liste pléthorique de trente-quatre références historiques et culturelles, de Rousseau à de Gaulle en passant par Gabin et Bardot. Pas un mot sur le 14 Juillet ! À la fin, ce n'est pas un oubli, ni un trou, mais un gouffre. Ce silence crie à mes oreilles patriotes. Exclure la Révolution du roman national est, d'après moi, la grande erreur de cette droite qui juge le passé exclusivement à l'aune du présent, c'est-à-dire exactement comme le fait l'extrême gauche.

Certains silences ont plus de sens qu'il n'y paraît. Celui-ci est volontaire de sa part, et j'ajouterais qu'il est choquant quand on ambitionne de prendre en main le destin du peuple français.

Que révèle cette omission volontaire des droits de l'homme ? Faut-il en faire table rase comme il semble le suggérer historiquement et politiquement ? À la limite, on peut être d'accord avec lui pour dire que la loi est l'expression de la volonté générale et que l'État de droit doit se conformer à la volonté populaire. Mais en ce cas, je rappellerais que la Déclaration des droits de l'homme a été adoptée par les représentants du peuple, qui font les lois, et qu'il lui faudra un vote contraire pour la mettre à bas, s'il veut être cohérent avec ses propres principes. C'est que les droits de l'homme ne sont pas une invention, mais une conquête. Celle de la liberté, de l'égalité, de la fraternité entre citoyens. Ils sont le contrat national entre les Français et tous les hommes et femmes politiques aspirant aux plus hautes fonctions de l'État. Ceux-ci ont le devoir historique et moral de s'inscrire dans les traces des pères fondateurs de notre histoire. Mais, répliquera Éric Zemmour, Napoléon lui-même ne daigna pas honorer et reconnaître les droits de l'homme, sur lesquels il portait les jugements les plus sévères et insultants, et pourtant il est l'enfant de la nation, presque son père.

Napoléon contre les droits de l'homme

Ouvrons le débat en signalant que Napoléon hérita des guerres de la Révolution et qu'à ce titre, dans la continuité du gouvernement révolutionnaire de 1793, il n'était pas urgent de garantir les libertés individuelles mais plutôt d'exciter le patriotisme, le nationalisme, les valeurs guerrières de la nation. Napoléon bénéficie de circonstances atténuantes étant donné la crise totale dans laquelle se trouvait le pays. Par ailleurs, on a vu jusqu'où son manque de ferveur dans l'idéal et l'utilité des droits de l'homme a conduit le pays : un État ultracentralisé, jacobin et en cela antimoderne ; une dictature modérée avec une séparation des pouvoirs inexistante, sinon dans les mots ; des libertés individuelles réduites à la portion congrue, sinon rachitique ; un bellicisme triomphant, sans contradiction possible, tant Napoléon, à partir de 1807, s'enfonça dans la contemplation de ses propres idées, ignorant les conseils, brisant les obstructions, annihilant les déjà maigres contre-pouvoirs à son autorité ; enfin une économie et une démographie à plat, sans parler d'un territoire plus étriqué que jamais après le crime de Waterloo.

Une question s'impose à ce stade : est-ce que l'État de droit existait sous le régime impérial ? L'Empereur, qui n'avait que mépris pour la « république des avocats » du Directoire, comme il disait, a-t-il fait germer l'État de droit en France dans le sillon de la Révolution française ? Ayant déchiré de ses propres mains les déclarations des droits de l'homme de 1789 et de 1795, Napoléon poursuivit l'œuvre de régénération de la législation commencée en 1789, mais en ne conservant de ses principes que l'égalité devant la loi, la liberté religieuse, la souveraineté populaire ou encore certaines garanties judiciaires. Le Sénat et le Tribunat exigèrent que la constitution impériale respecte « l'indépendance des grandes autorités, le vote libre et éclairé de l'impôt, la sûreté des propriétés, la liberté individuelle, celle de la presse, celle des élections, la responsabilité des ministres et l'inviolabilité des lois constitutionnelles[5] », mais Napoléon fit objection et interdit la publication de cette exigence de la part des autorités constituées. C'est donc qu'il ne voulait pas avoir les mains liées par trop de principes, de droits et de garanties individuelles. Le peuple n'est souverain que sur le papier, car le souverain véritable, *de facto*, c'est lui, l'Empereur[6]. Quant au pouvoir judiciaire, il fut muselé[7].

Bien sûr, il existait un semblant de séparation des pouvoirs et le contrôle de constitutionnalité des lois était prévu dans les textes, mais il faut être un piètre juriste pour ne pas distinguer les apparences de la réalité. Seule la mise en œuvre, c'est-à-dire l'application de la constitution, compte pour de vrai. Et Thierry Lentz a raison quand il écrit que Napoléon se « mit lui-même en dehors d'une évolution commencée en 1789 » et que « finalement, c'est contre Napoléon que se manifesta l'État de droit[8] ». À cela il faudrait ajouter que c'est contre l'État de droit que se manifesta Napoléon. L'existence des prisons d'État témoigne de la persistance de l'arbitraire sous l'Empire. Sont ainsi détenues aux prisons de Vincennes, de Bicêtre, de Saumur, de Ham, d'If, de Pierre-Châtel, de Bouillon, de Joux, du Mont-Saint-Michel et du Temple les personnes qu'on jugeait nécessaire d'enfermer sans le moindre procès. Certaines étaient parfois innocentées plus tard mais quand même maintenues en prison. Ce sont les lettres de cachet de l'Empire. Sans parler de l'assassinat du duc d'Enghien, considéré comme un opposant politique… Poutine empoisonne, Napoléon fusillait.

Pour résumer, la suprématie constitutionnelle en resta au stade de principe sous l'Empire et était en fait « non sanctionnée juridiquement », comme nous l'enseigne le grand spécialiste français de l'État de droit, Jacques Chevallier. Ce dernier ajoute que le contrôle de constitutionnalité des lois « est avant tout destiné à conforter la prééminence de l'exécutif » et se soldera par un échec. La loi, échappant à tout contrôle, apparut de plus en plus comme un « acte discrétionnaire » et « souverain », sans limites[9].

Les bonapartistes, ces républicains autoritaires, se sont de tout temps mouchés avec la Déclaration des droits de l'homme et bordés avec le code Napoléon.

En fait, la question de l'État de droit au temps de l'Empire ne se pose pas vraiment pour une raison assez simple : elle est anachronique. Si les napoléoniens déplorent à juste titre les lectures de l'Empire à l'aune des principes actuels, et sans souci de contextualiser, il faudrait qu'ils aient aussi l'honnêteté intellectuelle de ne pas user d'anachronismes pour mettre en valeur Napoléon. Or, à l'occasion de la grande exposition à La Villette pour le bicentenaire de la mort de l'Empereur, en 2021, ainsi que dans un livre publié avec le soutien de la prestigieuse Fondation Napoléon, se trouvait affirmée l'idée que le Premier Empire était la « première expérience de l'État de droit[10] ». L'originalité des approches, oui. Le sensationnalisme, non. Le relativisme, non plus.

Du Consulat et de l'Empire restent la gloire, l'épopée, l'administration, les codes, le romantisme d'une époque fascinante. Napoléon a bel et bien réussi à mettre un terme à la Révolution, géant fratricide doublé d'un parricide et d'un déicide. Mais sommes-nous dans le même état que la France révolutionnaire pour nécessiter un nouveau Napoléon ?

Au début de cet ouvrage, nous avons dit que le modèle des républicains libéraux avait toujours été « Ni Robespierre, ni Napoléon », mais ce qu'a semblé nous proposer Éric Zemmour, c'était « Et Robespierre et Napoléon ». S'il ne partage pas les vues exactes de ce personnage, il reprend en tout cas leur conception du pouvoir. D'un côté, Éric Zemmour s'assimile à la vision napoléonienne de son exercice. Mais, de l'autre, s'il mettait en pratique ses idées, la vague de contestations et d'anarchie dans le pays serait tellement violente qu'il serait contraint de mettre en place une politique de salut public, pour briser les résistances et fabriquer de la fausse unité républicaine. En effet, sur ce dernier point, on retrouve ce que Benjamin Constant disait craindre par-dessus tout au sortir de la Terreur robespierriste : que la victoire de la réaction et donc des forces de la contre-révolution ait les mêmes effets qu'une véritable révolution, alors que c'est ce que l'on veut éviter à tout prix. Le projet d'Éric Zemmour semble donc pour le moins contreproductif, sinon suicidaire.

PARTIE II

LE RETOUR DE LA VIOLENCE

7.

LA RUE CONTRE L'ASSEMBLÉE

On ne compte plus les réformes menées par les gouvernements successifs de la Ve République ayant donné lieu à des vagues de contestation plus ou moins monumentales dans la rue. Réunis derrière les banderoles syndicales, les manifestants expriment régulièrement leur colère, proclamant haut et fort que l'opinion publique est de leur côté, que telle réforme est impopulaire dans le pays, qu'elle est injuste socialement et qu'elle doit donc être retirée sur-le-champ. Se basant sur des enquêtes d'opinion ainsi que sur un nombre important de personnes défilant dans les cortèges, ils sont persuadés qu'ils disposent d'une légitimité démocratique suffisante pour faire reculer les élus du peuple, députés et sénateurs. Comment les représentants de la nation pourraient-ils, d'après eux, ne pas suivre le vœu de la majorité des Français, qu'ils expriment dans les défilés ? N'obtenant aucun résultat malgré l'énergie, les forces et l'imagination dont ils ont fait preuve plusieurs semaines durant, les orateurs et représentants syndicaux avouent alors dans des termes très clairs leur incompréhension et leur désarroi. C'est un classique français qui étonne nos voisins européens, médusés devant le spectacle de ces éruptions insurrectionnelles mettant la plupart du temps Paris à feu et à sang. Il s'agit pourtant d'une querelle plus ancienne qu'on ne se le figure.

Il y a deux types d'attitude à avoir dans ces cas-là pour un président de la République, vers lequel remontent toutes les crises : soit, à la manière de Jacques Chirac, céder devant la rue, en retirant le projet de loi ou en refusant de la promulguer ; soit, comme Nicolas Sarkozy, François Hollande et Emmanuel Macron, refuser de fléchir, réformer malgré tout, assumer ses choix et se condamner de fait à une impopularité accrue.

Les historiens voient classiquement dans cette confrontation entre la rue et le Parlement le choc de deux principes fondamentaux, celui de la légitimité et celui de la légalité. *A priori*, le premier ne devrait pas être séparé du second. La loi seule est légitime puisqu'elle est l'expression de la volonté générale incarnée par les élus. Comment se fait-il dès lors que l'on distingue l'un de l'autre ?

Or ce conflit a resurgi avec le procès que certains font à Emmanuel Macron pour avoir dit que la démocratie n'était pas la rue. L'accusation a été formulée lors de ses deux mandats. Il faut lever le voile sur cette ambiguïté française qui nous insère dans un cercle de Popilius.

Qui représente le peuple ?

Sans surprise, c'est dans la matrice de la Révolution française que l'on peut retrouver de tels affrontements entre la majorité légale des représentants de la nation et la majorité fictive qu'invoquent à leur profit les leaders de la cause populaire.

Notre tradition républicaine est inséparable des journées de juillet 1789, quand le peuple de Paris prit la Bastille et conquit sa souveraineté les armes à la main. Louis XVI céda, les états généraux se muèrent définitivement en première assemblée parlementaire, laquelle devint même constituante. En quelques semaines à peine, la nation venait de naître. 1789 opéra donc un changement de souveraineté : le peuple remplaça le roi. Or l'avantage avec la souveraineté absolue monarchique était que, étant héréditaire, elle était aisée à reconnaître, facile à concevoir, à moins de se quereller sur les lois successorales – ce qui fut la cause de la guerre de Cent Ans. Cette clarté ne se retrouve pas de façon aussi évidente et limpide dans la souveraineté populaire. Rousseau lui-même parle de « volonté générale », ce qui prête à confusion. *In fine*, la question revient ainsi à se demander ce qu'est le peuple.

Ici, deux théories s'opposent nettement. D'un côté, le modèle de la démocratie directe, où le peuple s'assemble pour décider en masse et instantanément ce qui est bon pour lui. Les citoyens athéniens se réunissaient de la sorte pour voter, mais l'abstention était déjà importante en raison de l'impossibilité dans laquelle se trouvaient les paysans d'abandonner leurs travaux pour aller donner leur suffrage, sous peine de tomber dans la misère. De l'autre, le système de la démocratie indirecte, où le peuple est, comme son nom l'indique, représenté par ceux qu'il a mandatés pour décider à sa place et en son nom. S'inspirant du modèle de la République sénatoriale romaine, la France a fait dès 1789 le choix de la démocratie représentative, où le mandat des élus n'est pas impératif. Ces derniers, une fois désignés, sont libres de voter les lois en corps. On parle alors de souveraineté nationale.

Pour les constituants de 1789, il paraissait logique qu'un pays de plus de vingt millions d'habitants ne puisse pas se payer le luxe de la démocratie directe, pas plus que celui du suffrage universel, principe totalement absent de l'esprit rationaliste des Lumières. Le 14 Juillet, déifié comme modèle d'insurrection populaire, ne constitue d'ailleurs aucunement une remise en cause de la démocratie représentative. Au contraire, les Parisiens ayant pris la Bastille n'ont fait que défendre la majorité de l'Assemblée parlementaire à Versailles contre le parti du roi. Louis XVI avait appelé 50 000 soldats étrangers pour briser les reins à la révolution des législateurs tels que Mirabeau et Sieyès. Grâce au peuple parisien, érigé en bras armé du Parlement, la Révolution était gagnée. Elle aurait pu s'arrêter là, après l'adoption d'une constitution écrite et d'une déclaration des droits.

Pourtant, ce ne fut pas assez. Louis XVI n'en finissait pas de résister au courant national et refusa de signer l'abolition des privilèges et la Déclaration des droits de l'homme. Sous la pluie d'octobre 1789, la rue se courrouça à nouveau et se remit en marche, cette fois jusqu'à Versailles. Forçant le roi à ratifier les décrets, les femmes des halles ramenèrent dans leurs bagages la famille royale et les députés, désormais installés à Paris sous la protection du peuple. Rien d'antiparlementaire jusque-là, mais, sur les ruines de la monarchie absolue, le mythe du peuple insurgé qui libère était né.

Toutes les assemblées de la Révolution furent ensuite livrées au bon plaisir des militants parisiens, qui n'eurent de cesse de s'autoproclamer les défenseurs du « peuple » pour dicter leurs volontés aux députés obligés de passer sous les fourches caudines des Jacobins. Harangués par les meneurs des clubs, dont les plus fameux étaient Marat, Hébert, Danton et même Robespierre, le démagogue de haute volée par excellence, les sans-culottes évinçaient à coups de piques et de lames rouillées les députés qu'on désignait à leur vindicte. C'est ainsi que l'insurrection du 31 mai 1793 permit d'évincer du pouvoir les députés modérés Girondins dont les Montagnards voulaient se débarrasser. Est-ce autre chose qu'un conflit entre ceux qui disposent d'une légitimité que confère la loi et ceux qui se disent légitimes dans leurs discours parce qu'ils revendiquent la révolution égalitaire ? Ce jour, le peuple armé entrait dans l'enceinte du Parlement pour obtenir la proscription du parti majoritaire et voter « des mesures sociales radicales et la démocratie directe ».

En ce cas, c'est la rue parisienne elle-même qui légifère directement, exerçant une violence extrême sur l'Assemblée pour influencer ses choix. Force n'était plus à la loi. La légalité démocratique se heurtait au mur de la légitimité révolutionnaire qui n'a que faire des institutions et se nourrit de la figure romantique du peuple, bien que celle-ci condamne la Révolution aux chimères d'une égalité parfaite. La Révolution « dérapait », comme l'a théorisé François Furet, qui la décrit comme « un théâtre où se rejoue sans cesse dans la rue l'air du peuple souverain ». Expédient révolutionnaire et exercice démocratique se dérèglent au prix d'une confusion des genres.

Le même François Furet a très bien expliqué les termes de ce conflit d'idées quand il explique qu'« il s'agit de savoir qui représente le peuple, ou l'égalité, ou la nation : c'est la capacité à occuper cette position symbolique, et à la conserver, qui définit la victoire[1] ». Cette rhétorique révolutionnaire est donc savamment reprise, à intervalles réguliers, par les démagogues contemporains qui s'efforcent de la colporter afin de la capter à leur avantage. De fait, le passé étant un aimant caché, les manifestants d'aujourd'hui s'inscrivent dans la filiation-répétition du discours des insurgés révolutionnaires d'hier. La légalité des décisions politiques prises « d'en haut » par des gouvernants, disposant d'une légitimité démocratique « d'en bas », en sort profondément écornée. La veine du jacobinisme émeutier est donc toujours vivace en France. Les propos de François Furet regrettant la logorrhée de ces idéologues de l'égalité sont toujours d'actualité cinquante ans après : il critiquait ceux qui ressortent sans cesse « leur vieille berceuse, le monde politique imaginaire à deux dimensions où ils sont investis du rôle de défenseurs du peuple[2] ». Ce romantisme populiste n'a que trop longtemps saoulé l'esprit de nos institutions.

Le référendum est-il en danger ?

Mais comment arrêter le cycle de ces insurrections populaires ? Comment installer dans la durée la démocratie parlementaire et convaincre le peuple qu'il peut se reposer sur ses élus ? Le problème se posait déjà aux révolutionnaires de 1789 qui aspiraient à proclamer des institutions démocratiquement légitimes en demandant au peuple de rentrer chez lui. On appelait cela l'impératif de finir la Révolution.

Ce malaise est parvenu jusqu'à nous, qui sommes à la fois tributaires d'une imagerie insurrectionnelle enracinée et dépositaires d'un ordre légal malmené. Tout autant légitimes sont les revendications de la rue et les discours de nos politiques jugeant que la démocratie est inséparable des procédures parlementaires, même exceptionnelles comme les ordonnances ou le recours au 49-3. Cette dernière conception légaliste est peut-être plus fade mais elle n'en est pas moins noble. Jadis, elle a prévalu au prix d'âpres luttes.

On objectera que le premier principe de la démocratie est de laisser à chacun la liberté d'en donner sa propre définition. C'est exact. Mais une fois les bulletins dans l'urne, il faut qu'on s'accorde sur la nécessité de respecter, bon an mal an, l'élection présidentielle et les élections législatives. Même si les résultats déçoivent certains candidats, ces derniers n'ont pas la liberté de contester le verdict populaire en proposant en quelque sorte de rejouer le match parce qu'ils l'ont perdu.

On objectera encore qu'en termes de démocratie directe, on n'est plus obligés de s'assembler physiquement pour voter. La procédure du référendum permet de donner la parole au peuple sur une question directe. La Constitution de 1958 offre ainsi un régime mixte, à cheval entre démocratie représentative et démocratie référendaire. La Ve République, marquée par l'esprit du général de Gaulle, a connu plusieurs référendums. Cette pratique du plébiscite date d'ailleurs de la Révolution française elle-même, le premier ayant été organisé en 1793 pour faire adopter la Constitution montagnarde. Ensuite, Napoléon s'est fait une spécialité du recours à cette procédure exceptionnelle, pour accentuer son pouvoir personnel et royaliser le régime républicain.

Néanmoins, ce à quoi nous assistons aujourd'hui est le retour de la démocratie référendaire, du moins dans les discours politiques. Les lacunes et échecs de la démocratie représentative ont lassé l'opinion publique qui aspire à plus de démocratie directe, et donc de référendums. L'idée à la mode n'est plus de pratiquer le référendum traditionnel, occasionnel, destiné à réviser la Constitution, mais de proposer une pratique référendaire sur le moindre sujet de société (la réforme des retraites de 2023 pour ne citer qu'elle). Pas un leader politique n'échappe à la glorification du référendum dans son programme. Certains vont même jusqu'à proposer d'institutionnaliser une consultation annuelle du peuple sur les sujets les plus divers[3]. Sans doute faut-il réconcilier les Français avec leur classe politique et réduire l'écart qui se creuse entre le peuple et les élites politiques. Sans doute faut-il créer une nouvelle dynamique démocratique qui fasse consensus.

Mais la course à l'apologie du référendum est elle aussi, je le crains, une espèce de démagogie qui flatte le peuple en lui tendant une main qu'on lui fait croire plus franche, plus directe. Aussi nécessaire soit-elle, cette démarche participe inévitablement d'une mise à l'index des élus, doublée d'une délégitimation de la démocratie représentative. Le référendum a le vent en poupe à l'heure où beaucoup voudraient passer au-dessus des garanties démocratiques ordinaires, nécessairement jalonnées des lenteurs parlementaires d'usage (délibérations, amendements, navette au Sénat, etc.). On pourrait à ce titre critiquer la patte gaulliste de la Ve République, encore empreinte de la rencontre entre un homme providentiel et le peuple, dont le référendum est censé consacrer la fusion.

Pourtant, si l'on fait le bilan global des référendums dans notre histoire constitutionnelle, il n'est pas sûr qu'il soit si positif. Les Jacobins n'ont jamais appliqué la Constitution de 1793 adoptée par le peuple. Quoi qu'il en dise, Napoléon Bonaparte a transformé la République en Empire. Le Directoire a largement manipulé le vote. Napoléon III y a également recouru à de nombreuses reprises, dont en 1851 et 1852, afin de restaurer l'Empire, régime autoritaire alors combattu par l'immense majorité des intellectuels républicains et libéraux. Pas sûr non plus que le choix d'élire le président au suffrage universel direct en 1962 ait été une excellente idée, tout comme le quinquennat. L'histoire des référendums, en France comme à l'étranger, atteste qu'il a toujours été l'outil privilégié des populistes désireux de passer outre le schéma institutionnel ordinaire. Bâtie avec le souvenir que Hitler avait usé du référendum en 1934 pour faire fusionner les fonctions de premier chancelier et de président, la Constitution allemande restreint drastiquement les référendums nationaux pour privilégier des consultations locales, comme c'est le cas dans de nombreux pays européens.

Ne peut-on dès lors juger paradoxal de désirer d'un côté plus de démocratie et moins de personnalisation du pouvoir dans la pratique de la Ve République, tout en banalisant de l'autre côté le recours aux référendums ?

La conjoncture politique actuelle va dans le sens d'un retour aux formes de démocratie plus directe. C'est une raison suffisante pour raconter les mythes fondateurs de cette dernière et les expériences auxquelles elle a conduit dans l'histoire. Car la seule façon de prévoir ce qui nous attend dans l'avenir est de pointer les projecteurs dans le passé, où nos entrailles ont été fécondées par des crises successives que certains s'étaient jugés intelligents de qualifier d'évitables après qu'elles furent survenues.

De l'importance de savoir perdre en démocratie

Le malaise démocratique s'aggrave lorsque les perdants des élections refusent de reconnaître leur défaite et provoquent leurs partisans à la fronde post-électorale.

« La liberté, c'est la liberté de dire que deux et deux font quatre. Lorsque cela est accordé, le reste suit », écrit George Orwell dans *1984*. Phrase d'une évidence telle qu'elle devient un mystère. Effectivement, la règle dans les démocraties libérales est notamment de baptiser les choses par leur nom et de savoir compter les bulletins de vote.

C'est sans compter sur les mauvais perdants de la démocratie qui ont la fâcheuse habitude de contester les résultats électoraux en invoquant des motifs plus ou moins abracadabrantesques. La France est leader mondial en ce domaine. Au lendemain du premier tour de l'élection présidentielle de 2022, de quels cris d'orfraie nos oreilles n'ont-elles pas été agressées ? Le candidat de La France insoumise ne serait pas présent au second tour pour seulement 1,2 % des votes. Aussitôt les urnes dépouillées, les bandes estudiantines politisées pleuraient à chaudes larmes la défaite de leur parti, pleurs qui se muèrent subitement en hurlements contre le prétendu « vol » de l'élection dont ils auraient été victimes. Les électeurs français ne leur auraient pas laissé d'autre choix que d'avoir à départager Emmanuel Macron et Marine le Pen. Universités occupées, Sorbonne vandalisée, Sciences Po bunkérisé, réunions militantes dans les amphithéâtres avec votes à mains levées, coups de poing avec les forces de l'ordre, tous les moyens furent bons pour contester la vérité des urnes.

On pourrait prendre à la légère ces enfantillages révolutionnaires s'ils n'étaient en général suivis par des actes beaucoup plus graves contre les institutions elles-mêmes, tôt ou tard. C'est exactement ce qu'il s'est produit au Brésil et aux États-Unis avec les deux parlements pris pour cible par le camp des vaincus. Respectivement en 2021 et en 2023, les présidents sortants Donald Trump et Jair Bolsonaro ont eu la défaite amère, et leurs soutiens ont envahi par milliers le lieu des séances des assemblées.

Dans le cas de l'assaut du Capitole par les partisans de Donald Trump, le 6 janvier 2021, il est avéré que le président déchu a causé ces débordements en refusant d'admettre sa défaite et de reconnaître les résultats des élections de novembre. La démagogie victimaire de Donald Trump, répétant que l'élection a été « volée », a déclenché cette explosion de violence ayant fait plusieurs morts. Joe Biden a déploré que cet épisode d'insurrection illégitime ait sali la démocratie américaine de façon absolument inédite dans l'histoire constitutionnelle des États-Unis. L'ancien président a depuis été inculpé pour avoir voulu inverser le résultat des élections.

Les démocraties contre elles-mêmes

Apparaît ici un des problèmes les plus délicats auxquels sont confrontées nos sociétés démocratiques : un problème qui vient précisément de leur histoire. Avant d'entrer dans l'âge moderne, les États étaient le plus souvent des régimes monarchiques inégalitaires avec une concentration des pouvoirs. Il a fallu entrer en révolution pour faire triompher l'idée de souveraineté populaire. Les problèmes commencent quand des groupes d'individus invoquent ensuite les droits naturels pour faire la guerre aux gouvernements légitimement élus. Ce conflit intérieur est ce qui rend les démocraties à la fois si riches en péripéties politiques, mais si ingouvernables aussi car elles ne sont jamais à l'abri d'un nouveau coup de force.

Or, ce que montrent les événements du Capitole est que des groupuscules issus de l'ultradroite, à l'imitation de ceux de l'ultragauche, refusent de se plier au respect de la règle de droit édictée par les représentants élus par le peuple. Ce qui est attaqué en masse aux États-Unis, ainsi que sur notre rive à nous, Européens, de façon éparse, ce sont les structures et les procédures de la démocratie représentative. Il faudrait même ajouter à cela qu'à cause du fait que notre naissance comme démocratie a été cimentée par le sang inévitable des révolutions, certains se croient les défenseurs de la grandeur d'une nation en s'armant de colère.

Malheureusement, il y a fort à craindre que les oies du Capitole n'aient pas fini de crier tant la démocratie représentative est mise sous tension et contestée car trop élitiste. Notre mythologie révolutionnaire, pour sublime qu'elle soit, risque de se retourner aujourd'hui contre la démocratie, au nom même de la démocratie. Là se trouve le paradoxe français des deux derniers siècles. Les récentes contestations ciblant la procédure électorale, américaine et brésilienne, réveillent nos propres démons.

Voilà pourquoi il faut relire Alexis de Tocqueville et ses méditations sur l'Amérique, achevées en 1840, dont la conclusion contient ce sévère reproche à nous directement adressé : « Les hommes qui vivent dans les siècles démocratiques ne comprennent pas aisément l'utilité des formes ; ils ressentent un dédain instinctif pour elles. Comme ils n'aspirent d'ordinaire qu'à des jouissances faciles et présentes, ils s'élancent impétueusement vers l'objet de chacun de leurs désirs ; les moindres délais les désespèrent[4]. »

Rien n'est plus utile à la liberté que le respect des formes, explique ce visionnaire, car il permet de mettre une heureuse procédure et des délais entre le fort et le faible, malgré l'urgence permanente dans laquelle se meuvent les émotions humaines. Il en appelle ainsi à ce que nous établissions « un culte éclairé et réfléchi » des formes, ou la démocratie risque de tomber dans l'anarchie, sans jamais être capable de sortir du cycle des insurrections venant piétiner le contrat social qu'est une constitution en tout premier lieu. Ce que Tocqueville semble nous dire est que, si le droit n'existe pas, alors tout est permis. Plus que jamais, nous devons retrouver l'idéal de la procédure comme d'une sœur jumelle de la liberté. C'est un paradoxe certes, mais c'est aussi un équilibre, même s'il est difficile à tenir.

Pourtant, l'appel de Tocqueville risque fort de n'être pas entendu, à cause du brouhaha de nos leaders révolutionnaires, de droite comme de gauche. Dans cette incertitude où nous nous trouvons, il faut espérer que, grâce à ce contre-exemple donné par l'Amérique de Trump, les mécontents se ravisent et comprennent à quel camp de l'histoire ils appartiennent.

Élections contestées aux États-Unis en 2021, en France en 2022, au Brésil en 2023 : nos démocraties sont fragilisées par les dérives vengeresses des mauvais perdants. Ceux qui s'arrachent les cheveux aujourd'hui en parlant d'élections manipulées simplement parce que les résultats les déçoivent feraient mieux d'imaginer ce que cela doit être pour les peuples qui se voient voler leurs élections pour de vrai. Je pense moins à tous ces enfants gâtés ayant eu l'admirable courage de bloquer les universités et d'empêcher leurs camarades d'étudier librement, qu'à ces peuples sacrifiés sur l'autel d'idéaux théologico-politiques, comme c'est le cas en Iran, où le soulèvement populaire après les élections truquées de 2009 avait pourtant ouvert la voie au printemps arabe.

Si nous ne sommes pas capables de faire le distinguo entre ce qui est frauduleux et ce qui ne l'est pas, nous risquons de nous mentir longtemps à nous-mêmes à la manière du petit garçon dans le célèbre conte pour enfants « Pierre et le loup » : longtemps, il crie au loup, saoulant les habitants de ses mensonges à répétition, puis lorsque le loup passe enfin à l'attaque, plus personne n'accourt pour le défendre. Peut-être en sera-t-il de même dans une société où les garde-fous auront été annihilés par l'hypocrisie, la malice et l'ennui des pseudo-partisans de la démocratie. Un voyage en Iran, à Cuba ou en Algérie s'impose à eux. Il n'est jamais trop tard pour changer d'avis. Les voyages ne forment-ils pas la jeunesse ?

8.

GILETS JAUNES : QUI PARLE « PEUPLE » N'EST PAS LE PEUPLE

Parfois, la réalité dépasse la fiction. En effet, il fallait une imagination débordante pour concevoir qu'un jour, quelque part dans le monde, des milliers d'individus descendraient dans la rue vêtus d'un gilet jaune fluo à bandes grises pour bloquer les voies de circulation et protester contre la hausse du prix du diesel. Mais nous sommes en France, pays qui a maintes fois prouvé au cours de son histoire, de Jeanne d'Arc à Napoléon, que le possible était plus grand que le réel. En France, on ne s'ennuie qu'entre deux soulèvements populaires…

Non sans une pointe d'ironie, on pourrait dire, après la fronde des Gilets jaunes, qu'un des plus fins observateurs de la tradition populaire française – avec Goscinny et Uderzo – est Gabriel Chevallier, l'auteur du roman *Clochemerle*, publié en 1934. Dans ce livre, le village de Clochemerle-en-Beaujolais se trouve en proie aux pires divisions, sous l'œil ahuri du lecteur qui n'en revient pas du ridicule des situations, comme de ces personnages qui se battent pour une vespasienne.

Nous sommes en plein dedans avec cette manifestation en couleur d'une poignée de mécontents qui dressent des barrages, comme hier des barricades, que tentent de forcer des conducteurs excédés par les bouchons ainsi créés. Les choses ont pourtant toujours un sens. Dans cette affaire, qui rejoue en plus burlesque 1789 ou *Jacquou le Croquant*, pointe l'exaspération fiscale des classes moyennes, lassées d'être les « vaches à lait » de la République.

Qui n'a pas eu de sympathie pour les premiers Gilets jaunes, montés au créneau contre la pression fiscale ? Qui n'a pas de respect, encore aujourd'hui, à l'égard des gens modestes regroupés sur les ronds-points de l'Hexagone, au milieu de l'hiver, dînant et dormant dans le froid, animés d'une véritable chaleur humaine ? Cependant, le mouvement a pris ensuite une coloration électorale, il importe donc de mettre le doigt dans la plaie.

L'égalité n'est pas la vulgarité

La querelle sur la légitimité des élites à représenter le peuple révèle un problème de fond de notre époque : nous vivons dans un monde de plus en plus vulgaire assurément. Invoquant une rupture entre gouvernants et gouvernés, nos modernes sans-culottes se réclament volontiers de cette trivialité, de ce franc-parler gaulois, d'une forme de grossièreté dont l'origine remonte au provincialisme glouton des personnages de Rabelais, aux jurons de certaines scènes de Molière, jusqu'à Céline, Calaferte ou Houellebecq. Les humoristes aux formules joyeusement scabreuses sont devenus les mascottes du mouvement. Cette insolence est même revendiquée comme la clé de voûte du nouveau tissu social. Aux politesses, supposées hypocrites, des technocrates de Bercy, les Gilets jaunes opposent un style qui se veut populaire et authentiquement français. Quiconque ne leur ressemble pas est suspect. Ce faisant, ils oublient que ce n'est pas parce que l'on parle « peuple » qu'on est le peuple.

De ce fait, les réfractaires actuels ressemblent de plus en plus aux révolutionnaires hébertistes (dits aussi les « Exagérés »), les plus radicaux, qui, sous la Terreur, vomissaient insultes et jurons sur leurs ennemis politiques pour les disqualifier et passer eux-mêmes pour les champions du peuple. Ce discours est tout à la fois binaire et réducteur. Il est même dangereux. Sous la Révolution, la vulgarité était le pendant de la violence. La brutalité du langage a précédé celle des actes. Notre époque nous l'apprend encore à nos dépens. Arc de Triomphe vandalisé, députés insultés, journalistes et policiers attaqués sont les cibles quotidiennes de ce système de pensée.

Oui, la République a besoin de savants. Elle a besoin de représentants formés, expérimentés, précis et courtois. Le dire n'est pas insulter les plus fragiles. Au contraire, ceux qui donnent une prime aux expressions et comportements vulgaires insultent les familles modestes qui essaient d'inculquer les valeurs de respect et de politesse à leurs enfants.

Mais nos gouvernants sont-ils exempts de toute responsabilité ? Si les peuples ont les gouvernements qu'ils méritent, les dirigeants ont aussi les peuples qu'ils ont éduqués. Depuis plus de dix ans, une forme d'impudence s'est installée au faîte de l'État. Si l'on considère les ministres et les personnalités politiques, on n'est guère rassurés. Jean-Luc Mélenchon insulte les policiers, François Ruffin conspue l'Assemblée nationale, et les débats parlementaires relatifs à la réforme des retraites ont été, encore plus près de nous, émaillés de cette cacophonie triviale indigne des députés du peuple. Tant de vulgarité condamne la vie politique aux simplifications.

Certes, Danton, Napoléon, et même parfois de Gaulle, ont eu des colères où pleuvaient les insultes sur leur entourage. Mais ces éclats restaient cantonnés à des discussions d'ordre privé. Or, désormais, l'homme politique se sent obligé de parler au peuple comme s'il bavardait avec un ami en buvant un café au comptoir. Interdiction d'employer un mot compliqué, ou de faire une phrase complexe, au risque de passer pour prétentieux. Le langage privé se retrouve propulsé sur la scène publique. La barrière entre vies publique et privée a sauté, au détriment de la qualité des débats. La mode est au journalisme d'invective, au nom du « parler vrai ». La posture outrancière a pris le pas sur l'argument. L'émotion a dévoré la raison. Bientôt, on sera obligés de se tutoyer et de se vêtir de nippes, comme en 1793, pour ne pas passer pour un aristocrate ou un banquier.

Cette démagogie condamne par avance toute notion même de supériorité des talents sur l'autel de l'égalitarisme. Tocqueville le redoutait, notre époque l'a fait. Notre drame actuel est autant sociétal que social. Il faut donc rappeler que l'égalité n'est pas la vulgarité. Ce n'est pas davantage la trivialité, le port obligatoire d'un vêtement commun ou un compte en banque identique. L'égalité est un droit qui, comme tous les autres, s'arrête là où commence celui de son prochain.

Dans son essai *La Politesse des Lumières* (2013), le philosophe Philippe Raynaud a montré que la politesse était inséparable de l'esprit du XVIIIe siècle. Les encyclopédistes, pour iconoclastes et révolutionnaires qu'ils étaient à leur manière, n'en demeuraient pas moins les premiers savants de l'époque moderne. Ils nous enseignaient que la civilité n'est pas le conformisme, mais la civilisation même.

Encore faut-il que la classe politique donne l'exemple ! Difficile de s'en convaincre quand on pense aux sorties fangeuses des députés Insoumis depuis 2022, ainsi qu'aux doigts d'honneur que le garde des Sceaux Éric

Dupond-Moretti a eu l'amabilité d'adresser à l'opposition dans l'hémicycle de l'Assemblée nationale. Le « Casse-toi, pauv'con ! » de Nicolas Sarkozy, au Salon de l'agriculture de 2008, a fait des petits.

Le consensus mou

L'une des causes de cet émiettement de l'autorité est que la volonté politique a perdu de sa superbe. Cette politisation de la *middle class*, qui émerge depuis quelques années, est le pendant de la dépolitisation de nos élites. La faute en revient sans doute au triumvirat de centre gauche, Chirac, Hollande, Macron, qui n'a eu de cesse, depuis plus de vingt ans, de plaider la cause du « en même temps ». À l'heure de l'endettement abyssal du pays, de la mondialisation hyper concurrentielle et de la poussée des extrêmes en Europe, cette méthode a vécu.

Raymond Aron mettait en garde contre « l'excès de compromis »[1], y décelant la véritable corruption des démocraties. Trop conciliateurs, nos dirigeants auraient perdu le goût du risque, seul à même de révéler les hommes d'action. Sans courage politique, ils sont pareils à « des outres pleines de vent qui n'ont pas réellement conscience des responsabilités qu'ils assument » (Max Weber). Or, ce qui est reproché à Emmanuel Macron est justement de ne pas aller assez loin dans la réforme du pays et de se contenter de corriger l'économie française à la marge. Quand rétablirons-nous l'équilibre des comptes publics qui permettra une baisse de la pression fiscale ? Pour cela, il faudrait se montrer plus ambitieux, et donc plus audacieux. Seul le risque paie. Le sociologue allemand Max Weber explique que le gouvernant qui ne vise pas un peu quelque chose d'impossible ne sera « pas capable de venir à bout de ce qu'il est possible de faire aujourd'hui ». Dans *Le Savant et le Politique*, texte prémonitoire, ce double ennemi des idéologies et de la bureaucratie jugeait que, dans les époques d'adversité, l'homme d'État est celui qui refuse les dangereux compromis remettant au lendemain la résolution des crises ; il dit « faisons-le quand même ! », au moment où tous les autres tremblent.

Sous couvert de tempérance, Emmanuel Macron fait l'exact inverse en pratiquant le « en même temps », qui a montré ses limites. Avec du recul, le titre complet du livre de campagne du Président, *Révolution. Réconcilier la France* (XO, 2017), apparaît comme une grave méprise. Réconcilier et révolutionner sont deux actes antinomiques. La révolution ne peut pas réconcilier les Français, elle ne peut que les réformer. Le Président a donc un choix à faire.

Loin de la tambouille politicienne de construction de majorité fictive d'une heure, le Président prouverait ainsi qu'il a non seulement une vision mais aussi un projet à long terme pour le pays.

9.

ENRAYER LE CYCLE DE LA VIOLENCE

Quel est le point commun entre ces différentes colères populaires s'exprimant dans la rue ? Dénonçant l'absence de représentativité de l'opinion majoritaire par les gouvernements successifs, elles donnent toutes lieu à une surenchère dans la violence. Nos centres-villes sont régulièrement envahis par des flots de manifestants contestant le bien-fondé des politiques menées. Rien d'anormal à cela. C'est le droit de manifester qui s'exerce bruyamment. Le problème survient quand les commerces sont pris pour cible, tagués, dévalisés ou brûlés. On bascule dans autre chose qui doit être dénoncé comme tel. Un pays touristique comme le nôtre peut-il laisser l'avenue des Champs-Élysées et l'arc de Triomphe se faire saccager sans réagir, comme ils l'ont été pendant la crise des Gilets jaunes ? Que dire des images de l'incendie du restaurant Le Fouquet's sur la « plus belle avenue du monde » en mars 2019, ainsi que celles de La Rotonde en flammes à Montparnasse en janvier 2020 et avril 2023 ? Elles ont fait le tour de la planète et symbolisent le vent de sauvagerie qui souffle sur Paris ces dernières années. La première destination touristique mondiale le restera-t-elle encore longtemps ? Les touristes ont droit à la sécurité, tout comme les riverains. Or le fléau de la violence ne semble qu'empirer. Posons-nous donc la question : comment éteindre le feu qui menace l'édifice ?

Manifester ou saccager ?

Pour répondre à cette question, il faut comprendre les causes de ce phénomène et les remèdes qui existent. Si certains syndicats donnent l'impression de souffler sur les braises en faisant davantage office de militants politisés radicalisés que de partenaires ouverts au dialogue social (FO, CGT, SUD Rail…), il ne suffit pas de pointer du doigt leur responsabilité dans les dérapages et agressions des forces de l'ordre dont sont émaillés les cortèges des manifestations. Il y a pire qu'eux : les casseurs, les bien nommés black blocs, qui nient le droit de manifestation et auxquels il s'agit désormais de livrer la guerre qu'ils nous ont déclarée. Ces groupuscules extrémistes de gauche doivent être combattus sur leur terrain, dans la rue, et dans les tribunaux, si la justice se décide enfin à sévir vraiment contre cette délinquance fanatisée, barbare et incendiaire.

Or, certains hommes politiques actuels cèdent à la facilité démagogique en reprenant à leur compte la virulence révolutionnaire dont notre histoire est imprégnée. Je pense notamment à la conduite du député LFI Thomas Portes pendant les débats sur la réforme des retraites. Celui-ci a été exclu temporairement de l'Assemblée nationale après avoir publié une photo de lui sur X (anciennement Twitter), le pied sur un ballon à l'effigie du ministre du Travail. À la même époque, un autre député insoumis, Aurélien Saintoul, assimilait Olivier Dussopt à un « assassin », sur le fondement prétendu que des salariés seniors mouraient à cause de la politique du gouvernement[1]. *La Marseillaise*, quant à elle, est entonnée pour galvaniser les troupes et donner l'impression que le souffle républicain est du côté des Insoumis. Ce type de démagogie n'en est pas moins pernicieux car l'hymne national ne saurait être transformé en chant partisan d'une frange minoritaire de la population.

Les institutions s'en trouvent fragilisées, le débat se transformant en dialogue de sourds, ou plutôt en aboiements criards. Qu'on se contente de s'en prendre aux idées, pas aux personnes. Mais il est certain que cela demande plus de réflexion, de complexité, que ces attaques *ad hominem* stériles, sinon barbares. Le débat y gagnerait assurément en profondeur, et la langue en finesse. En vérité, c'est la qualité de notre personnel politique qui décline drastiquement. Les députés de la Révolution française étaient en majorité des hommes de loi cultivés, rompus à l'exercice de la parole publique.

Certes, les attaques verbales ont toujours eu des accents de virulence assumée. Il ne faut surtout pas que l'on aseptise le débat politique en le mettant sous la férule de je-ne-sais quelle autorité morale supérieure censurant ici ou là. La liberté, ce sont aussi les excès de liberté. Il faut l'accepter car notre histoire démocratique n'a jamais été de l'eau tiède et ne le sera jamais.

L'éloquence parlementaire a néanmoins chuté de son piédestal : jadis, les échanges à l'Assemblée offraient des morceaux de littérature ; maintenant, c'est du cinéma burlesque du plus mauvais effet. Les Insoumis évoquent à leurs dépens le « Schpountz » de Marcel Pagnol : ils se rêvent en tragédiens, perpétuant Robespierre ou Jaurès, mais se révèlent de comiques troupiers. Le problème est que l'Assemblée nationale se transforme en mauvais vaudeville, illustrant parfaitement la leçon de Marx, selon laquelle l'histoire naît une première fois en tragédie avant de se répéter en farce.

Leur imaginaire révolutionnaire est plus insurrectionnel, davantage fidèle à Che Guevara et Lénine qu'à Mirabeau et La Fayette. Ceux-là revendiquent le droit (il est vrai, constitutionnel) de « résister à l'oppression ». Mais, en bons enfants gâtés des démocraties respectueuses de la liberté d'opinion, ils oublient ce qu'est l'« oppression » au sens strict du terme : la violation des libertés fondamentales. On en est loin aujourd'hui, même s'il est essentiel que le magistrat indépendant, le défenseur des droits, continue d'alerter sur les atteintes aux principes essentiels de notre démocratie. La Révolution française est terminée depuis la IIIe République, c'est-à-dire depuis que nous sommes un État républicain et constitutionnel, où les idéaux des pères fondateurs de 1789 sont institutionnalisés, gravés dans le marbre de la loi. Il s'agit désormais de contrôler l'application des principes qu'elle a proclamés et non de reprendre la lutte au nom d'idéaux qui ne sont pas les siens.

En vérité, l'imaginaire révolutionnaire français actuel est tellement devenu le produit de l'extrême gauche que ses membres combattent les inégalités économiques et sociales comme s'il s'agissait de l'oppression de la classe ouvrière par les classes moyennes. Cette haine de la bourgeoisie est autant le lot du fascisme que du communisme au XXe siècle. En somme, c'est une idéologie fascisante de gauche qu'il faut combattre avec les armes mêmes de l'esprit libéral de 1789.

Des gouvernants défaillants

Pour autant, il faut reconnaître que le recours au 49.3 pour adopter la réforme des retraites de 2023 a offert sur un plateau un argument à l'opposition, laquelle s'est sentie légitime à demander un changement de gouvernement, et plus encore, de régime. En cela, Emmanuel Macron a commis non pas une erreur, mais une faute, car il a donné l'occasion à ses adversaires d'affirmer que la Révolution française n'était pas terminée, bien qu'elle le fût. Quand j'entends Jean-Luc Mélenchon oser dire que c'est une honte que la France vive dans un « État de droit conditionnel », j'ai envie de lui mettre sous les yeux la Déclaration des droits de l'homme et du citoyen de 1789, où chaque fois qu'un droit est reconnu il est aussitôt limité par le nécessaire respect de l'ordre public ou les exceptions déterminées par la loi. C'est le principe même de notre modèle républicain que de poser ces deux règles essentielles : 1) le droit cesse où l'abus commence ; 2) la liberté des uns s'arrête là où commence celle des autres. Qui sort de ce cadre s'exclut de la république pour entrer dans la révolution. Il y a des révolutions antirépublicaines et antidémocratiques. Ce sont les plus nombreuses. Les plus dangereuses aussi.

Rien ne saurait justifier la délégitimation des règles de droit. Le droit, il faut s'y soumettre ou se démettre. En réalité, avec LFI, nous sommes en présence d'une force politique importante et légitime, qui ambitionne de renverser le régime, changer de Constitution et établir un ordre nouveau. Cette situation se résout facilement dans une dictature : on aligne les opposants le long d'un mur et on les fusille. Dans une démocratie, il faut gérer la cohabitation entre tout et son contraire, et, faute de majorité, chercher de nécessaires compromis entre les courants. Mais à partir du moment où nos élites intellectuelles, à l'université ou en dehors, ainsi que les éditorialistes populistes, de droite comme de gauche, s'échinent à critiquer la démocratie représentative, comment l'opinion ne se trouverait-elle pas désorientée dans ce maelström et prête à donner sa confiance au meilleur orateur ? C'est ce qu'il se passe aujourd'hui : la minorité parlementaire de la Nupes revendique le soutien populaire de la rue pour se présenter en dépositaire de l'opinion majoritaire du pays.

La démocratie a toujours été sujette au danger de la démagogie, chaque parti y allant de ses colères ou de ses flatteries opportunistes. Mais nos démagogues modernes sont d'un pitoyable alarmant. Leur culture politique se réduit à calquer leurs discours à la tribune sur le modèle hystérique des réseaux sociaux. Pour exister, ils s'extrémisent. Je préfère à ce grand bal des hypocrites la réponse que le grand orateur de 1789, Mirabeau, avait faite à ceux qui le provoquaient en duel quotidiennement : « Monsieur, je vous ai mis sur ma liste ; mais je vous préviens qu'elle est longue, et que je ne saurais faire de passe-droit. » Avant, on ironisait sur la mort parce qu'elle pouvait toujours surprendre, tandis qu'aujourd'hui, il faut beaucoup d'imagination pour se faire passer pour un martyr. Mais que voulez-vous ? Mirabeau n'usait pas seulement d'un langage raffiné, il était aussi un modéré. Deux choses qui disparaissent peu à peu dans notre société du spectacle.

Concluons de tout cela que nous sommes en présence d'une entreprise de destruction de notre modèle politique. De plus en plus, les attaques pleuvent contre les institutions de la Ve République. La crise économique, énergétique et alimentaire n'est que l'étincelle qui pousse les gens dans la rue, mais le plus grave est sans doute la profonde crise politique, institutionnelle et morale dans laquelle nous nous enfonçons, peinant à la contrecarrer.

Savoir finir les révolutions

Comment sortir d'une pareille situation ? Ce n'est ni la première ni la dernière fois que cette question se pose à notre pays. Le problème est toujours évoqué, jamais résolu. Notre histoire offre le tableau d'une longue série de crises politiques et regarder dans le rétroviseur est toujours nécessaire pour éviter le pire. Churchill nous confiait cette intuition quand il disait que « si l'histoire ne se répète pas, parfois elle bégaie ».

Bien sûr, les crises révolutionnaires ne se ressemblent pas. Pas plus dans le temps que dans l'espace. La guerre d'indépendance américaine des années 1770 fut achevée d'une main de maître par Washington, car une victoire militaire totale sur l'Angleterre suffisait à réaliser l'indépendance, premier pas vers l'adoption d'une constitution. L'objectif était clair, et les armes ont décidé. Rien de tel avec la Révolution française, qui ne pouvait être terminée sur un champ de bataille.

La question d'une fin heureuse et victorieuse à la Révolution de 1789 fut posée dès son commencement par chacun des protagonistes, de Barnave à Bonaparte. Autant de vœux pieux jusqu'en 1799. Changer de régime politique ne permit pas d'éteindre l'incendie. La Terreur fut une tentative ratée de finir la Révolution en éradiquant tous ceux qu'on présumait être ses ennemis. Les défenseurs de la violence politique maximum la justifièrent en arguant de l'espoir d'une fin rapide de l'état d'exception par l'élimination systématique de ce qui n'était pas considéré comme le « peuple pur ». Manifestation ultime de l'illusion que la politique pouvait tout régénérer.

C'est seulement après la chute de Robespierre que le pouvoir reprit véritablement la main sur la rue. La république de 1795 dite « bourgeoise » est parvenue à vaincre les forces révolutionnaires, à la fois en faisant fermer *manu militari* les clubs de discussions politiques (le plus connu étant celui des Jacobins) et en adoptant la loi de « grande police » de l'abbé Sieyès[2]. En 1795, dans un contexte de tensions sociales dues à l'inflation galopante, la République naissante définit l'impératif de maintien de l'ordre : « Les provocations au pillage des propriétés particulières ou publiques, à des actes de violence contre les personnes, à la révolte contre les autorités constituées, le gouvernement républicain et la représentation nationale, les cris séditieux qu'on se permettrait de pousser dans les rues et autres lieux publics contre la souveraineté du Peuple, la République, la constitution acceptée par le Peuple, et la représentation nationale sont des crimes[3]. » Ce texte est d'une modernité extraordinaire, mais face à la montée de la colère de la rue, le pouvoir a fini par recourir à l'armée.

Le Directoire rechercha un compromis entre perpétuation des mesures révolutionnaires et proclamation d'une constitution teintée de libéralisme politique. Faute de choisir entre la violence et la justice, entre l'exception et le droit, il mourut d'une mort naturelle à la manière de l'âne de Buridan ne parvenant pas à opter entre l'avoine et l'eau.

Alors surgit Bonaparte. Lui ne tergiverse pas, ne tremble pas, et choisit tout ce qui est à même de sortir le pays de la crise. Le Premier consul tend la main aux forces jusqu'alors inconciliables, Jacobins repentis d'un côté, royalistes, émigrés et prêtres de l'autre. Autour de sa personne, auréolée du prestige de ses victoires, il tranche le nœud gordien de la Révolution en fixant des institutions, en élaborant des codes inédits, et en faisant ratifier par le peuple, successivement en 1799, 1802 et 1804, la nouvelle ère qu'il incarne. Habile mariage entre la Révolution et l'ancienne monarchie, rendu possible par son audace et son pragmatisme, ce que nous qualifierions aujourd'hui de realpolitik.

Le césarisme démocratique venait de naître, attestant que si ce sont bien les avocats qui commencent les révolutions, ce ne sont pas eux qui les finissent. Le besoin d'autorité et de stabilité fut le plus fort. L'armée, symbolisée par ce jeune général, s'empara du pouvoir. Cependant, un tel épilogue à la Révolution était par trop tributaire de sa personne et de ses campagnes militaires. Sa dernière, en 1815, scella le sort de la Révolution, appelée à resurgir tantôt, et donc à se clore dans un futur incertain.

Ces échecs successifs donnent le vertige. Ni la force, ni le droit, pas plus qu'un chef, ne confèrent une légitimité suffisante pour opérer la concorde entre des ennemis irréconciliables, autour d'une vision consensuelle du progrès. Une des raisons pour lesquelles nous, Français, restons perpétuellement dans le vague est sans doute que notre modèle de révolution, fondé sur l'idéologie égalitariste – vieille utopie qui tire en partie son origine dans le catholicisme –, se moule difficilement dans l'époque des sociétés industrielles et hyper-financiarisées. La Révolution est condamnée à être soit livrée à un processus de lente décomposition dans le bain de la mondialisation, soit invitée à entrer épisodiquement en éruption pour singer une volonté politique qui se meurt.

Rappelons quel avait été le rêve de Mirabeau : celui d'une révolution aussitôt ouverte, aussitôt refermée. Son ambition était double. D'une part, se prémunir contre les ravages de la guerre civile, la véritable bombe mortelle de l'histoire. D'autre part, éviter une trop grande distorsion entre les objectifs initiaux d'un mouvement national et ses nouvelles prétentions. Reconnaissons-le avec le tribun de 1789 : le mieux est de désamorcer la bombe avant qu'elle n'explose.

Aussi est-il essentiel d'enseigner l'histoire, aussi bien à nos enfants qu'aux adultes et en particulier à nos dirigeants politiques. Ce serait une grave erreur d'abandonner le discours sur la Révolution française aux démagogues qui en falsifient la réalité historique et cherchent à en monopoliser l'héritage. Comme en toutes choses, ce sont ceux qui parlent le plus qui font le moins bien.

10.

CHURCHILL, BONAPARTE, VOLTAIRE : LES STATUES DE LA DISCORDE

On peut lire dans le roman de Robert Musil, *L'Homme sans qualités* : « Il n'est pas une seule pensée importante dont la bêtise ne sache aussitôt faire usage, elle peut se mouvoir dans toutes les directions et prendre tous les costumes de la vérité. La vérité, elle, n'a jamais qu'un seul vêtement, un seul chemin : elle est toujours handicapée. » Décrivant son époque, celle des années 1920, l'écrivain autrichien se doutait-il que sa phrase serait plus que jamais d'actualité un siècle plus tard ? Il y a des prophéties qui se paient cher.

Certaines époques sont plus sensibles que d'autres aux promesses douteuses des idéologies. Celle que nous traversons actuellement, avec ses turbulences, est sans doute l'une des plus moralisatrices qui ait jamais été. L'effacement du religieux dans le champ politique a sans doute été la condition d'un réinvestissement moral par d'autres voies. Ce fut le fascisme et le communisme, à compter de la fin de la Première Guerre mondiale. Puis le pacifisme universaliste au lendemain de la Seconde.

Depuis quelques années, nous vivons une ère marquée par le retour du révolutionnaire avec une lecture vengeresse du passé. Pas un monument de notre histoire occidentale ne passe au crible de l'antiracisme et du décolonialisme, nouveau scanner idéologique qui traque les potentielles tumeurs cancéreuses de nos sociétés. Notre histoire s'en trouve ainsi décortiquée et détricotée, nos statues déboulonnées, dans le but de nous faire guérir de la peste du racisme dont nos mœurs, notre législation et nos institutions seraient encore malades.

Le problème avec nous, les historiens, c'est que l'on prend toujours tout au sérieux. Les bagatelles n'appartiennent pas à notre registre. Assurément, nous sommes trop graves. La raison à cela ? Nous savons que les détails de nos existences, individuelle ou collective, peuvent atteindre avec le temps des dimensions telles que l'on se reproche, après coup, de n'avoir pas été vigilants plus tôt.

Les faux justiciers

Au cours de l'année 2020, de nombreuses statues, aux États-Unis, en Angleterre, au Danemark, en Belgique ainsi qu'en France ont été victimes d'une vaste purge expiatoire de la part des militants antiracistes.

Ce sont précisément les statues érigées sur les places publiques en l'honneur de nos morts, certains vandales étant allés jusqu'à en déboulonner ou en peindre quelques-unes *manu militari*. Ceux-là l'ont fait sans tenir aucunement compte de la complexité du contexte historique. Certes, le relativisme ambiant voudrait réduire la portée de ces agissements en les qualifiant d'« épiphénomènes » ou d'actes commis par de simples imbéciles. Ce serait se tromper lourdement. Ces dégradations sont l'expression indubitable d'une rancœur profonde, d'une invincible haine. L'émotion préside, au premier chef, à cette violence contre un objet inanimé.

Les huguenots s'en prenant aux églises catholiques, les Jacobins s'acharnant sur les monuments à l'effigie des rois, les Européens de l'Est détruisant les statues de Lénine, ou nos modernes iconoclastes peignant de rouge les bustes du ministre Colbert ou du général Faidherbe, tous répondent à une pulsion destructrice dictée par leurs passions. Toujours ou presque, c'est avec les mots « justice » et « liberté » à la bouche qu'ils abattent ce qu'ils considèrent être la négation des valeurs dont ils se revendiquent les défenseurs. Le vague entourant ces notions fait que l'on ne peut pas juger de la même manière tous les actes de vandalisme. Qui irait reprocher aux victimes de l'occupation communiste, Tchèques ou Hongrois, d'avoir détrôné les statues de Lénine et Staline ? Dans l'autre sens, comment ne pas condamner le dynamitage des représentations de Bouddha par les talibans, ou de la cité de Palmyre par les djihadistes ? Tout est donc affaire d'appréciation du bien-fondé de la cause défendue par ceux qui se livrent à ces destructions.

Mais le pire survient lorsque l'on confond les mots et les choses. N'est pas juste qui prétend l'être. Aujourd'hui, ceux-là mêmes qui s'en prennent, au nom de la lutte contre le racisme, aux statues de Voltaire, le promoteur de l'esprit de tolérance, de Victor Schoelcher, l'auteur de l'abolition de l'esclavage, de Jules Ferry, l'avocat de l'école laïque, du général de Gaulle, figure du rebelle qui a dit non au nazisme, et, outre-manche, de Churchill, le tribun du monde libre contre Hitler, voire même de Gandhi à Copenhague, ne peuvent se prévaloir de l'épée de justiciers sans retourner contre leurs propres idéaux cette arme de la violence. Davantage habiles à manier l'anachronisme que la réflexion, ils véhiculent un rejet de notre héritage dont le patrimoine fait aujourd'hui les frais. Dénonçant un roman national écrit par les vainqueurs, ils se posent en victimes supposées d'un monde qui n'est plus. Et sur l'autel de leur mémoire blessée, ils viennent nous sermonner la légende d'un racisme d'État, alors que l'esclavage dans les colonies a été aboli il y a presque deux siècles et que l'Empire colonial a disparu depuis près de soixante années. Ce refrain, pour obsolète qu'il est, est donc non seulement faux mais pernicieux car il confond tout, faisant de l'antiracisme une nouvelle idéologie, ce qui est le pire des services que l'on puisse rendre à la lutte contre les discriminations. La réalité est que ces actes participent moins d'une émotion collective que d'une volonté de contraindre nos dirigeants à faire œuvre de repentance, comme si l'unique grille de lecture de notre histoire devait dépendre de la sortie de l'époque coloniale. D'ailleurs, à lire les déclarations de nos dirigeants politiques, ou les appels à la « décolonialisation » de la France par une poignée d'« intellectuels » plébiscités par Mediapart, cela fonctionne plutôt bien. C'est à qui courbera l'échine le premier. Ce faisant, on essaie d'ouvrir une boîte de Pandore, qui ne peut apporter que confusion et division, par le truchement du communautarisme, de l'ethnocentrisme et de la xénophobie. Ce prétendu désir de purification se révèle une entreprise de diabolisation de l'autre, au prix d'une lecture simpliste du passé. L'esprit critique y perd ce que le manichéisme y gagne.

Cette nouvelle inquisition intellectuelle nous enferme dans une forme de guerre civile larvée, à cause de l'oubli de ce principe inscrit dans la Déclaration des droits de l'homme selon lequel « la liberté consiste à faire tout ce qui ne nuit pas à autrui ». Cette leçon fondamentale n'a pas été retenue par tous, semble-t-il. Ces minorités activistes, politisées, brandissant l'étendard de l'histoire moins pour la comprendre que pour la combattre, déversent leur ressentiment personnel sur le drapeau tricolore. Ils ambitionnent de le déchirer en lambeaux, d'en faire des confettis, afin que chacun possède un minuscule bout de notre souveraineté. Mais l'histoire ne saurait être un chaudron où la susceptibilité de chacun viendrait se fondre pour nous servir une soupe tiède.

De quelles structures cette logique destructrice actuelle se prévaut-elle ? Quel est le projet, l'étape d'après, de ces actes de vandalisme ? Comment les partis politiques soucieux de récupérer ces voix de colère vont-ils gérer la crise d'identité dont ils ont préparé le terrain ? En versant sans cesse dans un syncrétisme vague et inconsistant ? Ils semblent tous incapables d'instaurer à la fin un véritable dialogue des cultures. Le philosophe Paul Ricœur jugeait que, « pour avoir en face de soi un autre que soi, il faut avoir un soi ». L'absence de perspective dont notre époque porte aujourd'hui la marque, avec son modèle de *Big Brother* mou, n'encourage pas à l'optimisme. Et il y a fort à craindre que l'on nous construise une France à l'image de ses enfants perdus, en mal de reconnaissance, quitte à diminuer nos ambitions, plutôt que l'on apprenne aux générations futures à prendre en exemple ce que leur pays a de meilleur, en recourant à l'art de l'éducation.

C'est pourquoi de nombreux intellectuels de renom ont décidé de s'unir pour faire entendre leur colère contre l'installation de l'anathème comme norme de notre époque portée par l'université française. Ils dénoncent des mouvances qui, au nom du progrès, « se livrent à un détournement des combats pour l'émancipation individuelle et la liberté, au profit d'objectifs qui leur sont opposés et qui attaquent frontalement l'universalisme républicain : racialisme, différentialisme, ségrégationnisme (selon la couleur de la peau, le sexe, la pratique religieuse) ». La revendication de vérités objectives dans ces combats par des étudiants comme des enseignants est le terreau du communautarisme et participe d'une « ostracisation des historiens » en dissidence avec cette ligne prétendument scientifique. Pour toutes ces raisons, ces pratiques ressemblent fort à l'« utilisation de méthodes relevant d'un terrorisme intellectuel[1] ». Ce cri d'alarme, poussé dès 2018 par des figures de la pensée française comme Dominique Schnapper, Mona Ozouf, Élisabeth Badinter, Alain Finkielkraut, Jean-Pierre Le Goff ou Boualem Sansal, a-t-il été entendu par la classe politique ?

La leçon de l'abbé Grégoire

Malgré son goût pour la philosophie de la déconstruction, le président Emmanuel Macron a fait preuve d'autorité en refusant de déboulonner nos statues et en qualifiant ces actes « vandales » de manœuvres faisant le lit du « communautarisme ». L'État doit montrer en cette circonstance qu'il est fort et qu'il n'hésitera pas à sévir le cas échéant contre toutes les tentatives de dégradation de biens appartenant à la communauté nationale. Il ne faut pas tomber dans le piège d'une épuration politique du passé.

Pour comprendre ce fléau du vandalisme qui s'en prend aux statues dans nos rues, comme aux peintures dans nos musées, il faut remonter à 1793. En effet, c'est au lendemain de la Terreur, qui avait été marquée par de nombreuses dégradations de notre patrimoine religieux au nom de la déchristianisation, que l'abbé Grégoire, député modéré, prononça, à partir de l'été 1794, une série de discours dans lesquels il popularisa la notion d'« actes de vandalisme », déjà invoquée par Voltaire avant lui. Œuvres de l'ignorance, ces atteintes sont qualifiées de crimes politiques contre les valeurs essentielles de la Révolution. La République, soutient-il, doit livrer bataille contre ces destructeurs d'un genre nouveau, un marteau à la main, qui ont « déshonoré » la nation tout en se revendiquant d'elle fallacieusement. Le député Grégoire vise en particulier les « brûleurs de livres », ces « nouveaux iconoclastes plus fougueux que les anciens », et appelle la justice à réprimer ces exactions avec une exemplaire sévérité. Selon lui, le gouvernement doit centraliser l'appréciation de notre héritage culturel et historique afin d'éviter que tel ouvrage considéré comme précieux dans un lieu donné ne soit pas banni dans un autre, par la haine ou l'ignorance de quelques-uns. Le danger sinon serait que « quelques individus dont le goût peut être faux, dont les lumières peuvent être resserrées, formeraient un tribunal révolutionnaire qui proscrirait arbitrairement des écrivains, et prononceraient des arrêts de mort contre leurs écrits[2]. » Et l'abbé Grégoire d'ajouter que « non seulement Horace et Virgile y passeraient pour avoir préconisé un tyran, mais encore pour avoir été souvent imprimé avec privilège d'un autre tyran. » Au terme de son plaidoyer, il propose même de décréter que soit gravée cette inscription sur nos monuments : « Les barbares et les esclaves détestent les sciences et détruisent les monuments des arts ; les hommes libres les aiment et les conservent. » Il avait alors conscience que l'art, produit d'une histoire, est un bien commun, un patrimoine national à même de réunir les Français.

Or, la tendance actuelle est à une multiplication des lectures du passé, que ce soit dans les programmes historiques enseignés ou dans les communes où les maires distribuent les brevets de propreté historique en choisissant de gommer tel ou tel nom de rue choquant certaines associations passées maîtresses dans l'art de la repentance.

Faut-il descendre Napoléon de son cheval ?

Les politiques sont-ils dans cette affaire pris en flagrant délit de démagogie ? Manipulent-ils notre histoire à des fins électoralistes ? En apparence non. Les édiles de gauche prétendent, chaque fois qu'une statue est retirée de son piédestal, que c'est pour cause de restauration. Loin de participer au grand chambardement de notre culture, ces maires ne feraient que sauvegarder notre patrimoine, et non le détrôner.

La polémique suscitée par la « restauration » de la statue de Napoléon à Rouen est un beau cas pratique de l'opportunisme politique. Le maire socialiste, Nicolas Mayer-Rossignol, entendait organiser un « débat démocratique » sur la statue. La gauche, de longue date, veut déboulonner l'Empereur. Lionel Jospin a même, dans un essai, fait remonter un grand nombre des maux de l'État français à la politique du Premier consul, qui a clos la décennie révolutionnaire[3]. Précisons que la statue de Rouen a été fondue avec les canons de la bataille d'Austerlitz pris à l'ennemi. Ce n'est pas rien… Lionel Jospin écrivait librement ce qu'il pensait, mais il n'est jamais allé jusqu'à imposer ses vues d'ancien trotskiste en privant les Français de leur héritage séculaire.

Napoléon mérite largement les critiques que lui adresse une certaine gauche, notamment au nom de la Déclaration des droits de l'homme et du citoyen, qu'il s'est empressé d'abolir, quand, dans le même temps, il restaurait l'esclavage aux Antilles françaises.

Mais de là à retirer la figure de Napoléon de nos places publiques afin de l'effacer de notre mémoire collective, il y a un pas que les maires n'ont pas le droit de franchir. M. Rossignol a d'ailleurs eu l'excellente idée d'organiser un référendum local au sujet de la statue. Les Rouennaises et les Rouennais ont voté assez massivement pour son retour. Les rayons du soleil dardent de nouveau le bronze éclatant de Napoléon à cheval face à l'hôtel de ville.

Ce n'est pas la faute à Voltaire

La question est moins de savoir ce que l'État ne fait pas aujourd'hui que ce qu'il doit faire demain. Il faut répondre à la crise actuelle certes, mais il est surtout nécessaire de poser les jalons d'une société multiculturelle, « multimémorielle » même, pacifiée, où les divergences d'opinions peuvent s'exprimer sans verser dans la diabolisation du camp adverse. Or c'est précisément le contraire qui se produit : le pugilat a remplacé le débat, les passions les arguments de la raison. Quand on voit ce que l'université française est devenue, il y a de quoi être inquiet pour notre modèle pluraliste. J'en sais quelque chose notamment en ce qui concerne l'enseignement de la Révolution française, trop souvent l'objet de prises de position qui relèvent davantage du militantisme politique que du travail scientifique.

Or les universités, et l'école plus généralement, sont la matrice des citoyens de demain. Ne cessons jamais de rappeler la maxime célèbre de Voltaire affirmant qu'il faut être prêt à donner sa vie pour que son adversaire ait la liberté d'exprimer ses convictions. Aujourd'hui, cette formule relève plus du registre de l'idéal mis à mal que d'une solide réalité. C'est à nous faire regretter la mordante ironie qui animait les discussions d'autrefois.

Depuis ces épisodes de vandalisme à l'égard des statues de personnages illustres de l'histoire de France, auxquels certains reprochent les idées de leur temps, la polémique s'est emparée de la statue de Voltaire à Paris. Située dans un square maigrelet du 6e arrondissement de la capitale, voisin de l'Institut de France, elle avait été prise pour cible et taguée, avant d'être retirée de son socle par la mairie de Paris, au motif d'une prétendue restauration. C'était il y a deux ans.

Or, début 2022, la mairie de Paris a claironné que la statue du philosophe aux traits rieurs allait de nouveau égayer la vue des passants. Mais au lieu de regagner sa place d'origine, sur le flanc ouest de l'Académie française, il fut décidé qu'elle serait installée non loin, dans la cour de la faculté de médecine, derrière des grilles pendant les horaires de fermeture de l'établissement. La mairie de Paris reconnut donc à demi-mot qu'il était nécessaire de retirer Voltaire des lieux publics sans surveillance si l'on voulait éviter de nouvelles dégradations en toute impunité.

De toute évidence, l'intolérance actuelle était sur le point de condamner Voltaire à dormir, une nouvelle fois, en cage, lui qui avait été emprisonné à la Bastille pendant de longs mois. Hier, la monarchie et les magistrats le contraignaient à l'exil et brûlaient ses *Lettres philosophiques* devant le palais de justice. Aujourd'hui, la mairie de Paris cède aux pressions d'activistes et astreint le plus libre des penseurs de son temps à rire derrière les grilles de la faculté de médecine, avec laquelle il n'a jamais eu le moindre rapport.

Jusqu'au bout, l'Église s'est opposée à ce que son adversaire le plus doué soit inhumé en terre chrétienne et lui refusa l'absolution. Son corps, enterré finalement en Champagne sans funérailles chrétiennes, n'y demeura pas longtemps : en 1791 Voltaire eut les honneurs du Panthéon. Là, au moins, personne ne l'en sortira ; il reposera en paix au sommet de la Ville lumière.

En attendant, la statue du philosophe est toujours absente du paysage parisien, et son piédestal reste vide. On y lit encore son nom : « VOLTAIRE », mais Voltaire n'est plus là. La statue n'est pas plus à la faculté de médecine. Mon article indigné dans *Le Figaro*, paru le jour anniversaire de la mort de l'auteur du *Traité sur la tolérance*, ne fut pas un cri poussé dans le désert puisqu'il a été repris par de nombreuses voix bien plus puissantes que la mienne, dont celle de la secrétaire perpétuelle de l'Académie française, Hélène Carrère d'Encausse. Comment interpréter la disparition de cette statue sinon comme le symbole du retour de l'intolérance et de la pire des maladies pouvant affliger un peuple : l'ingratitude ?

Aujourd'hui encore, la statue est absente du paysage parisien. Dans son caveau du Panthéon, Voltaire doit bien rire de ces petitesses incapables d'égratigner son héritage.

11.

CACHEZ CETTE VIOLENCE QUE JE NE SAURAIS VOIR

« J'ai mal à ma France. » C'est par ces mots que le joueur de football Kylian Mbappé déplorait la mort du jeune Nahel, tout juste 17 ans quand un policier lui ôta la vie au volant de sa voiture, après plusieurs refus d'obtempérer. C'était le 27 juin 2023. Puis les banlieues s'embrasèrent. Plusieurs nuits durant, des bandes d'adolescents ivres de rage et de haine dévalèrent dans les centres-villes pour tout casser, tout piller. Mairies, commissariats de police, préfectures, écoles, cinémas, médiathèques, armureries, grands magasins : tout fut livré à ces incendiaires dont la moyenne d'âge n'était que de 17 ans. On n'avait jamais vu ça : tirs à balles réelles contre les forces de l'ordre, tentatives d'assassinat contre un maire et sa famille, voitures brûlées provoquant la mort d'un pompier de 24 ans à Saint-Denis, etc. Ni la mise en détention du policier concerné, ni la solidarité exprimée par le président Emmanuel Macron à l'égard de la famille du jeune Nahel, ni la minute de silence observée à l'Assemblée nationale, ne sont parvenus à stopper la flambée de violence.

Ridiculisée sur la scène internationale, prise en flagrant délit d'impuissance face à cette sauvagerie d'un nouvel ordre, la France s'est réveillée comme tétanisée après ce mauvais rêve qui paraissait si vrai, éclairé de tant d'incendies. Ce cauchemar était malheureusement bien réel et il nous laisse entrevoir, avec un sentiment de torpeur mêlé de honte, la nuit qui nous menace et nous ronge. Quelques semaines avant ces drames, au Mont-Saint-Michel pour les mille ans de ce joyau de notre histoire, Emmanuel Macron avait parlé du danger de la « décivilisation ». Celle-ci est en effet une triste vérité qu'il nous faut regarder en face. À quand la prochaine incursion barbare ? À quand le prochain pillage ? Si seulement les optimistes pouvaient avoir raison…

Il a fallu la mort d'un adolescent de 17 ans pour nous faire prendre conscience, ne serait-ce que quelques jours, de la chaîne de montagnes dont il nous faut désormais gravir les cols un à un. S'armer de patience et d'espérance ne suffit plus ; payer et réparer non plus.

Les pyromanes

Moi aussi, j'ai mal à ma France, quand je constate l'incommensurable légèreté avec laquelle les élus de La France insoumise ont accompagné l'embrasement de fin juin 2023. Après le drame de la mort du jeune Nahel, Jean-Luc Mélenchon a bondi le premier sur les forces de l'ordre pour dénoncer le racisme qui serait, selon lui, systémique dans la police. Pour le leader politique, Nahel aurait été victime de la « peine de mort » et même d'un « meurtre engageant l'autorité de l'État », ce qui justifierait de refonder entièrement la police[1].

Légitimant ainsi la violence dans la rue et reprenant sur les plateaux de télévision sa sempiternelle déclamation en faveur de l'insurrection des « faibles » contre les « forts », Jean-Luc Mélenchon n'a fait qu'accompagner et soutenir la colère des cités en appelant à la vengeance contre les forces républicaines, qui auraient méprisé les plus humbles de la nation depuis des générations. Il n'est que de le citer pour comprendre la récupération politique à laquelle il se livre : « Nous sommes tous responsables de la maltraitance sociale et policière systématique d'une population » ; « Les riches, les puissants, se sont ensauvagés. Ils veulent vivre à part des "nuisibles", comme dit leur police, les tenir à distance, les mâter[2] » ; « Nous vivons une forme de lutte des classes : les pauvres s'insurgent et les riches les méprisent[3] ». Espérant, avec les Insoumis, « une convergence des soulèvements de la Terre et des quartiers populaires », il démontre de façon évidente qu'il cherche à instrumentaliser la crise sécuritaire pour répéter ses slogans en faveur d'une révolte (en vérité, une révolution) sociale dans le pays. Dans l'une des pires crises que la France ait traversée depuis 1958, il n'est pas le seul à jouer sur les inégalités économiques et sociales pour dépeindre un tableau apocalyptique et culpabilisateur de notre modèle politique, comme si l'unique raison de ces émeutes urbaines était à trouver dans la misère et le sentiment d'injustice des casseurs[4].

Comment comprendre cette parole publique sinon par le recours à la démagogie la plus intéressée, la plus classique aussi ? Nanterre, où Nahel a perdu la vie et d'où est partie cette vague d'émeutes, a vu La France insoumise réaliser le score de 47 % au premier tour des élections présidentielles de 2022, le double de celui du président sortant. Cédant à la tentation de flatter son électorat pour s'en assurer la fidélité et convoiter les abstentionnistes qui pourraient se reconnaître dans cette lecture binaire des événements, le parti dévoile ce que le clientélisme peut offrir de pire dans une démocratie. Le réservoir de voix que représentent les banlieues françaises, où l'abstention électorale est la plus élevée, est une aubaine pour les faiseurs de désordre politique au moment même où l'exigence d'unité républicaine et la défense des valeurs de notre démocratie nécessiteraient un minimum d'esprit de concorde de la part des élus. Mais lorsque le ministre de l'Intérieur, Gérald Darmanin, appela à observer une minute de silence pour honorer la mémoire des policiers morts dans l'exercice de leurs fonctions, La France insoumise refusa de se lever. « Tout le monde déteste la police » était devenu entre-temps le slogan des manifestations d'extrême gauche, sans qu'aucun élu de la République présent dans les cortèges osât se désolidariser de pareils propos. Enfin, que dire des déclarations de Jean-Luc Mélenchon qualifiant le président du Crif « d'homme aux idées d'extrême droite[5] », le jour même de l'anniversaire de la rafle du Vél d'Hiv, le 16 juillet ?

Ces récentes prises de position ont un effet positif parce qu'elles révèlent de façon manifeste la réalité de la pensée d'un courant politique qui ne cesse de croître. L'union des gauches à l'Assemblée (Nupes) se fracture déjà. À peine un an après les législatives, socialistes et communistes prennent leurs distances avec les élucubrations des Insoumis pour qui la provocation par la radicalité est le meilleur fonds de commerce électoral dans un pays plongé dans une crise économique, politique, constitutionnelle et sécuritaire durable[6]. Pompiers pyromanes, les Insoumis soufflent sur les braises en totale impunité, souvent avec le concours d'une presse bienveillante à leur égard, parce que l'on se dit toujours, dans ce pays, que la tradition révolutionnaire et insurrectionnelle a quelque chose de sain et de profondément progressiste. Or, cette mythologie révolutionnaire, qui rappelle aux intellectuels leurs rêves et leurs engagements de jeunesse, n'apportera, si l'on n'y prend garde, que de nouvelles rixes et de nouvelles fractures.

La liste des compromissions intéressées serait longue. En août 2023, l'invitation aux universités d'été d'EELV et des Insoumis du rappeur Médine, tristement connu pour ses propos et ses chansons à connotation antisémite, a déclenché une vague d'indignation, même au sein de la gauche. Est-ce par de tels renoncements à nos valeurs qu'une certaine gauche veut pêcher des suffrages dans les quartiers populaires ? Sans parler du discours haineux à l'égard des riches tenu par la présidente du parti des Verts, Marine Tondelier, expliquant qu'elle ne veut plus un seul milliardaire en France. On peut difficilement tenir des propos plus opportunistes électoralement…

Le récent refus du bloc Insoumis de qualifier d'actes « terroristes » les crimes odieux commis par le Hamas, le 7 octobre, contre des civils israéliens, des femmes, des enfants, des nourrissons, égorgés dans leur lit du seul fait qu'ils étaient juifs, en dit long sur le refus de mettre les mots adéquats sur le phénomène de la violence. Quand un parti politique français refuse de dire que le Hamas est un groupe terroriste, au lendemain même du pogrome, il s'extrait de lui-même du champ démocratique et républicain. L'islamisme radical n'est que barbarie et ne saurait être justifié d'une manière ou d'une autre. Aussi cruel et douloureux soit le sort des Palestiniens, victimes civiles innocentes elles aussi du conflit au Moyen-Orient, il ne saurait légitimer la sauvagerie des islamistes contre lesquels nous devons mener une guerre sans faille et sans trêve.

Le cri de rage « Je suis Juif », poussé par l'acteur Philippe Torreton, a tonné comme l'éclair au milieu du ciel serein du négationnisme à œillères. Il pointa l'index vers la lâcheté Insoumise : « Je vois des circonvolutions langagières n'arrivant pas à dénoncer l'horreur, je vois le cynisme et le clientélisme politique d'extrême gauche bégayer[7]. » On en est là aujourd'hui.

Malgré la recrudescence des actes antisémites après le massacre du 7 octobre, les élus Insoumis ont aussi refusé de participer à la marche du 12 novembre contre l'antisémitisme organisée à l'appel de la présidente de l'Assemblée nationale, Yaël Braun-Pivet, et du président du Sénat, Gérard Larcher.

Ces nouveaux négateurs de la violence donnent raison à l'écrivain Vassili Grossman quand il écrit dans *Vie et Destin*, livre dans lequel il assimile le régime soviétique à la barbarie nazie : « L'antisémitisme est le manque de talent, de l'incapacité de vaincre dans une lutte à armes égales ; cela se joue dans tous les domaines [...]. L'antisémitisme est la mesure du manque de talent dans l'homme. [...] L'antisémitisme est aussi une manifestation de l'absence de culture dans les masses populaires, incapables d'analyser les causes de leurs souffrances. » Et il ajoute : « L'antisémitisme peut se manifester aussi bien par un mépris moqueur que par des pogromes meurtriers[8]. »

L'histoire a démontré que la violence verbale a de tout temps précédé celle des actes. Minorer la violence de ses propres paroles est le syndrome d'un être, d'un groupe ou d'une société capable de violence dans les actes, l'instant qui suit.

Marchons, marchons…

Je me souviens du miracle que fut l'union de tous les Français à la suite de l'assassinat des journalistes de *Charlie Hebdo*. Nous avons marché de République à Bastille les uns aux côtés des autres, applaudissant longuement les forces de l'ordre en train de surveiller le cortège sur les toits de la ville. Pas un camion de CRS déboulant d'un carrefour n'était applaudi sans patriotisme et un profond sentiment de reconnaissance. Un policier avait été tué durant l'assaut meurtrier des islamistes : aux douze noms à jamais héroïques de la rédaction du journal, il faut ajouter celui du gardien de la paix Ahmed Merabet. C'était en janvier 2015. La France en deuil s'unissait merveilleusement.

Mais voilà que quatre années seulement après cette tragédie, une autre marche était organisée dans la capitale « contre l'islamophobie », en novembre 2019. Les Insoumis actuels y participèrent avec entrain, montrant qu'ils trient parmi les manifestations, quand bien même il existe une différence majeure entre critiquer une religion et attaquer une « race » (d'où la différence entre la manifestation contre l'islamophobie et celle contre l'antisémitisme).

On comprit que la plupart de ces manifestants de novembre 2019 n'avaient pas participé au mouvement de fraternité national en hommage aux journalistes de *Charlie Hebdo*. Ces derniers avaient été assassinés parce qu'ils jugeaient le droit au blasphème comme faisant partie intégrante de la liberté d'expression. En France, on peut moquer Jésus, Mahomet ou Moïse. D'ailleurs, dans les défilés populaires de 2015, nombreux étaient ceux qui brandissaient un stylo ou un crayon pour signifier la liberté de la caricature et le bonheur d'un dessin satirique bien vitriolé. L'esprit de Voltaire, ironique et cinglant à souhait, déployé aussi bien contre le catholicisme que contre l'islamisme, éclaboussa ces manifestations de son mordant irrévérencieux et son indépendance coutumière.

Or, entre 2015 et 2019, un siècle semblait être passé. Les mêmes personnalités d'extrême gauche qui avaient défilé pour la liberté d'expression de *Charlie Hebdo* descendirent dans la rue pour marcher aux côtés de ceux qui dénonçaient les actes d'islamophobie dans le pays. Bien sûr, il faut lutter contre les atteintes physiques aux personnes et aux tombes, prises pour cible uniquement sur des critères d'appartenance religieuse, mais la France a une tradition de blasphème qui remonte jusqu'au XVIIIe siècle, quand les philosophes ironisaient au sujet de Dieu. Le jeune chevalier de La Barre fut torturé et brûlé vif pour avoir moqué une procession et donc blasphémé. Ses cendres nous rappellent que le blasphème est un droit humain, tant qu'il ne viole pas la loi et ne porte atteinte ni aux biens ni aux personnes, quelle que soit la religion exposée.

La violence est aujourd'hui de plus en plus parente de la barbarie. C'est un fait, et même un phénomène de société.

PARTIE III

L'HEURE DES CHOIX

12.

L'ÉDUCATION NATIONALE : MÉRITOCRATIE OU IDÉOLOGIE ?

La France va-t-elle vers un déclassement intellectuel ? Le baccalauréat ne veut presque plus rien dire, les diplômes universitaires sont souvent délivrés au prix d'un abaissement des exigences de notation, et, bientôt, sortir des grandes écoles risque d'être une chose banale. Sciences Po montre la voie. Après avoir diminué l'importance des disciplines traditionnelles, comme l'histoire, dans l'enseignement dispensé, l'IEP a annoncé la suppression des épreuves écrites pour être admis en première année. La pente est trop forte. Toutes les grandes écoles seront tentées de suivre, comme l'a confirmé une déclaration de Frédérique Vidal, l'ancienne ministre de l'Enseignement supérieur et de la Recherche, préconisant la suppression de l'épreuve de culture générale pour intégrer ces établissements à la réputation trop élitiste. On parle de « démocratisation » et de « lutte contre les inégalités » pour légitimer ces mesures, mais on oublie qu'à force de tout justifier ainsi, on vide ces concepts de tout sens précis. Sur fond de discrimination positive, on américanise notre système au détriment de notre modèle méritocratique, alors même que les États-Unis préservent l'excellence de leur enseignement supérieur pour gagner la bataille de la concurrence mondiale des universités.

En août 2023, Emmanuel Macron et Élisabeth Borne se sont réjouis en découvrant que le classement de Shanghai des 100 meilleures universités mondiales mettait à l'honneur quatre établissements supérieurs français. La Sorbonne était 46e. La satisfaction pourtant ne doit pas empêcher l'autocritique, car demain se prépare aujourd'hui. Aussi demandons-nous plutôt ce que nous pouvons faire de mieux.

Malheureusement, le déclin des enseignements élémentaires et un déficit de culture générale, l'explosion du nombre d'étudiants, le libre accès à l'université de tous les titulaires du baccalauréat, le manque de places dans les enseignements supérieurs spécialisés, la « démocratisation » du bac sont autant de facteurs mettant à mal notre système éducatif, à commencer par le dramatique et alarmant niveau moyen d'orthographe et de français de nos enfants. C'est bien avant le bac que cela se joue, même si ce dernier ne fait plus barrage à la médiocrité. Or, plus il y a de bacheliers, plus il y a de prétendants à l'université. Partant de ce constat d'échec, deux options s'offrent au gouvernement : baisser l'exigence des épreuves et « démocratiser » l'obtention des diplômes universitaires ; ou redonner à l'université le prestige qu'elle mérite en maintenant un niveau digne de son rang. Seule cette seconde option garantit un système équitable, récompense l'effort, valorise les bonnes notes et produit une émulation individuelle et collective positive entre les étudiants.

Notre école républicaine est celle du mérite. À plus forte raison, nos universités doivent être celles des étudiants méritants. Le principe d'universalité de l'accès à l'université a montré ses limites depuis que le tirage au sort a éliminé des candidats meilleurs que d'autres. Sélectionner les candidats n'est pas une tare, mais un moyen de justice par l'équité. Il obéit au principe ancestral qui consiste à rendre à chacun ce qui lui revient, essence de la justice dite distributive. *Cuique suum reddere* (Il faut rendre à chacun ce qui lui revient).

Reconnaître le talent d'un seul, c'est promouvoir l'émancipation de tous par le travail. Reconnaître le talent de tous, c'est négliger le talent d'un seul.

L'école sans solution

Tite-Live écrivait que, pour qu'une république vive longtemps, il fallait la ramener souvent à son principe. En France, c'est vers la Révolution française qu'il faut se tourner, car celle-ci est née de la lutte contre les privilèges. Ceux de la naissance en premier, puisque seules certaines catégories d'individus avaient accès aux emplois publics, ce qui tenait à l'écart du pouvoir certains talents. Pour lutter contre cette injustice, l'article 6 de la Déclaration des droits stipule que tous les citoyens, étant égaux en droits, sont « admissibles à toutes dignités, places et emplois publics, selon leur capacité, et sans autre distinction que celle de leurs vertus et de leurs talents ». À cette fin, l'instruction est devenue le moteur de l'ascension sociale et a été déclarée universelle, gratuite et égale pour tous dans les premiers degrés de l'éducation. En devenant publique, celle-ci instaurait, par le travail scolaire, la perfectibilité des hommes, la promotion des talents et la formation des citoyens. L'égalité des droits avait vocation à élever les enfants des couches défavorisées de la société.

Condorcet, en 1792, témoignait de cette exigence : « L'avantage de naître riche sera balancé par l'égalité, par la supériorité même des lumières que doivent naturellement obtenir ceux qui ont un motif de plus d'en acquérir[1]. » La révolution des droits se doublait d'une nécessaire refonte sociale. Mais la condition *sine qua non* de l'ascenseur social tenait dans la récompense de « la supériorité des talents ». Si le principe de l'instruction primaire est l'universalité et l'égale accession à tous, celui de l'enseignement supérieur est la reconnaissance de la diversité des talents. « Il faut que le talent, explique Talleyrand dès 1791, puisse librement parcourir tous les degrés de l'instruction ; que l'élève des écoles primaires qui a manifesté des dispositions précieuses qui l'appellent à l'école supérieure y parvienne aux dépens de la société s'il est pauvre [...], qu'il puisse s'élever sans obstacle, et encore à titre de récompense, à l'école plus savante[2]. »

Cette idée forte de la « récompense » du travail est donc la pierre angulaire de l'instruction publique. Le privilège de suivre un enseignement supérieur n'est pas le produit d'une sélection mais une véritable élection des élèves sur la base de leurs mérites. Les bons élèves, en réalité, s'élisent eux-mêmes aux plus hauts degrés d'instruction par leur persévérance.

Les révolutionnaires ont tant et si bien pensé l'éducation, en termes de droits d'abord et de récompenses ensuite, qu'ils ont créé l'Institut national, destiné à offrir des prix et des médailles aux individus qui font preuve d'une remarquable excellence dans leur domaine. Cette mesure, organisant l'attribution de lauriers aux talents, est inséparable de la réforme de l'instruction publique de 1795 puisqu'elle a été adoptée dans le même texte de loi.

Immanquablement, il y a peu de places pour peu d'élus. Pour les hommes de 1789, « ce serait une véritable folie, une sorte de bienfaisance cruelle, de vouloir faire parcourir à tous les divers degrés d'une instruction inutile » (Talleyrand).

Notre démocratie a vocation à élever le plus grand nombre mais l'ascension d'un seul ne doit pas être vue comme l'échec d'un autre. Chacun a sa spécificité, son rythme personnel, et l'un des objets de l'Éducation nationale est « d'aider les talents à naître et à se développer, en les avertissant de leur destination, de leurs goûts et de leur puissance[3] ». En 1795, après la Terreur, le député Daunou déplorait l'anarchie dans l'éducation, qui n'avait pu être réglementée jusque-là. Il qualifiait l'instruction publique de « ministère de la réconciliation générale », et estimait que seule l'école pouvait terminer la Révolution. Dans un discours fondateur, il expliquait que « la République suscite partout la puissance de l'émulation de ce sentiment généreux (la faculté de sentir et de connaître), le plus pur principe de l'activité humaine, et sans lequel l'égalité sociale ressemblerait au lit de ce tyran qui mutilait ses victimes ». Il fait allusion à Procuste, qui découpait les jambes de ses victimes pour les faire entrer dans son lit minuscule.

L'Éducation nationale ne saurait être réduite à un moule républicain. Elle doit au contraire apporter des réponses personnalisées en fonction des capacités de chacun et de l'État. La France n'est plus celle de 1789. La distance est de deux siècles et demi mais la différence de nature de notre démocratie n'est pas si abyssale, en dépit des nombreuses conquêtes sociales et sociétales. Nous sommes les héritiers de ces penseurs d'un modèle et d'un idéal français. Sachons nous inspirer de ce généreux précédent plutôt que de laisser sombrer l'école de la république. Relisons Talleyrand :

> Offrez à tous un fil conducteur ; ne donnez des chaînes à personne, et n'admettez que ceux qui parviendront au but, c'est-à-dire qui seront véritablement instruits [...] ; ne les interrogez pas sur leur âge, mais sur leur capacité. Qu'un examen long et approfondi réponde de la capacité des aspirants ; mais que cet examen ne soit pas illusoire,

que ce ne soit pas une vaine formalité. On a trop longtemps bercé les hommes avec des paroles ; il est temps d'obtenir des réalités.

L'instruction publique est le reflet de notre société et comme un avant-goût de l'avenir. Or l'histoire est sans pitié pour ceux qui n'ont pas de cap.

L'université à gauche toute

La vertu du système méritocratique est très éloignée intellectuellement de l'actuelle mainmise d'une certaine idéologie à l'université. En effet, si le pouvoir politique a la capacité de modeler les procédures administratives pour s'adapter aux évolutions sociétales, il reste par nature incompétent dans le domaine des idées inculquées sur les bancs de l'université. On a dit que le profil des agitateurs et bloqueurs de toutes sortes est plutôt cultivé. C'est à Sciences Po, à la Sorbonne, à l'ENS, dans les facultés françaises, que les jeunes militants exercent leur censure morale. Il faut donc se demander ce qu'on enseigne dans les études supérieures. Toutes ne sont pas sous l'emprise d'une idéologie prétendument scientifique, mais un constat s'impose très nettement : l'université française est viscéralement à gauche, et de plus en plus sous la coupe d'un postmodernisme ahurissant. Un véritable panier de crabes rouges, dirait un esprit cynique.

Le mouvement *woke*, par exemple, a germé dans les universités américaines où il prospère à rebours de l'esprit de tolérance. Pour preuve, il suffirait de citer la prolifération des actes antisémites au lendemain de l'attaque du Hamas contre des civils israéliens, le 7 octobre 2023. Le journal *Le Parisien* (peu suspect d'être réactionnaire), dans son édition du 12 novembre, c'est-à-dire le jour même de la marche contre l'antisémitisme, livrait une enquête sur « la haine antijuive dans les universités [...], dérive issue de la gauche progressiste chantre du wokisme et obsédée par les identités minoritaires[4] ». L'article cite des étudiants juifs persécutés, poursuivis par des pick-up affichant le drapeau palestinien et brûlant l'israélien, au sein même des universités les plus élitistes : Yale, Brown, Harvard, Cornell, Columbia.

Ce mouvement a pénétré massivement le tissu intellectuel français. L'exclusivisme culturel tend à considérer qu'il faut jouir d'une légitimité spécifique, que ce soit par son histoire familiale ou la couleur de sa peau, pour effectuer des recherches sur un thème historique, et en particulier sur l'esclavage. Les travaux sur l'antisémitisme sont mis au pilori outre-Atlantique parce qu'ils relativiseraient la victimisation des anciens esclaves et des musulmans. C'est ce que dénonce Rachel Kahn, qui est juive et femme de couleur. Cette logique conduit à exclure certains sujets, à l'encontre de l'esprit d'une recherche scientifique véritablement ouverte et libre. Je me souviens, non sans un certain dégoût, de la polémique suscitée dans une certaine nasse universitaire, par l'invitation de Marcel Gauchet à prononcer la conférence inaugurale des fameux « Rendez-vous de l'histoire » de Blois en 2014. Les nouveaux censeurs, tous en chaire à l'université, avaient contesté la légitimité d'un libéral de gauche comme Gauchet à s'exprimer sur le thème des rebelles dans l'histoire. Vent debout contre cette initiative, philosophes, historiens et sociologues étaient nombreux à appeler au boycott de ce chercheur français de renom.

Difficile d'imaginer le contenu des enseignements de ces universitaires sans se convaincre du prisme politique de leurs recherches. C'est criant pour un grand nombre de professeurs d'histoire de la Révolution française à l'université, partisans d'une réhabilitation à marche forcée de la figure de Robespierre, demandant un musée à sa gloire et plaidant pour qu'une rue de Paris porte enfin son nom.

Ce magistère de la gauche au sein de l'université française a été particulièrement critiqué par Jean-Pierre Le Goff. Ce dernier, anciennement bercé par l'idéal de Mai 68, se demande si son agonie ne vient pas de l'antiélitisme de principe devenu sa marque de fabrique. « Quand le réflexe moral identitaire prime la recherche de la vérité et de la raison, il inhibe toute réflexion libre et débouche sur la bêtise, le sectarisme et l'invective[5]. »

En définitive, au nom d'un idéal anticonformiste, la gauche universitaire serait devenue le terreau d'un conformisme systémique. Sa conviction profonde d'être « dans le bon camp » et d'être « le centre du monde » rejoint notamment sa sempiternelle « posture du révolté et du révolutionnaire ». Ces dernières années, explique Jean-Pierre Le Goff, l'antiracisme est devenu le nouveau combat de la vérité de gauche, se donnant pour tâche de traquer tout ce que les dominants ont pu avoir de comportements racistes, réels ou supposés, explicites ou implicites.

Ainsi serait né ce qu'on appelle « l'islamo-gauchisme ». Élisabeth Badinter est citée à bon droit par Le Goff sur ce sujet glissant de la critique de l'islam politique, celle-ci déplorant l'habituelle mode de l'accusation moralisatrice à l'emporte-pièce : « Vous êtes racistes ou vous êtes islamophobes, taisez-vous[6] ! » La gauche qui interdit de réfléchir n'est plus la gauche, soutient Le Goff. Ajoutons : qu'est-ce qu'une université qui refuse le pluralisme ? Pluralisme et université sont normalement inséparables, sauf si l'on souhaite revenir à l'université de théologie de la Sorbonne, au système qui a prévalu jusqu'à la Révolution. On abandonne le progrès, au nom du progrès bien sûr.

Cela étant, les Français en sont de moins en moins dupes. Les mouvements woke ont été infiltrés par des journalistes afin de montrer le plus précisément possible le degré de sectarisme des activistes. Telle fut notamment la démarche de Nora Busigny dans son essai coup de poing, *Les Nouveaux Inquisiteurs* (Albin Michel, 2023). Heureusement, de nouvelles voix s'élèvent au sein de la communauté scientifique pour dénoncer le wokisme envahissant et niveleur, voire totalitarisant[7]. La polémique avait éclaté début 2023 après qu'un colloque eut été organisé sur le thème des dangers de la déconstruction, présidé par Jean-Michel Blanquer. Deux cents universitaires ont réagi pour signer une tribune (en écriture inclusive) contre l'« antiwokisme », nouveau cheval de bataille, selon eux, des ennemis de la démocratie. Les signataires dénoncent « la falsification de l'histoire, l'abolition de la culture, la mise au pas de la pensée[8] » que pratiqueraient les critiques du wokisme. Mais certains chercheurs n'ont pas hésité à réfuter cette vision des choses en expliquant à leur tour que ce sont les partisans de la *cancel culture* eux-mêmes qui mettent à mal la liberté intellectuelle en attribuant les financements universitaires exclusivement à des projets de déconstruction de l'histoire traditionnelle. Chacun se renvoie donc la balle de la pensée unique.

L'intelligentsia universitaire française serait peut-être bien inspirée de renouer avec ce qui est la condition même de toute intelligence : la confrontation des opinions, leur pluralité, et donc le respect de l'altérité, aussi appelé l'esprit de tolérance. Il est tout aussi dangereux de raconter n'importe quoi au nom de l'introuvable sens de l'histoire, que de prétendre atteindre une vérité objective intangible. En fait, il faut des deux, mais le rapport de force à l'université est clairement en faveur de ceux qui se prétendent possesseurs et titulaires du droit d'être révolutionnaires, usant des moyens radicaux que nécessite l'« amélioration » des individus contre eux-mêmes. Preuve s'il en est que les sentiers de la démagogie sont pavés de bonnes intentions…

Mais l'égalitarisme à l'œuvre s'efforce de gommer les différences entre les opinions afin que nous marchions tous d'un même pas, au même rythme. Cela me fait penser à cette initiative des Jacobins sous la Terreur : la création de l'École de Mars où l'on formait dès l'enfance au métier de soldat. Afin de gommer les inégalités, les élèves étaient vêtus d'une blouse blanche en tissu épais, quelle que soit la saison. Aux premiers frimas de l'hiver, les jeunes eurent froid et voulurent rentrer chez eux. L'école ferma. L'éducation ne saurait être le laboratoire d'un pédagogisme à connotation politique. Le maître doit dispenser bonnes et mauvaises notes au gré du savoir. L'instruction est la formation des cœurs et des esprits pour donner un bagage dans la vie. Jules Vallès ne s'y est pas trompé quand il écrivait dans *Le Bachelier* : « Je n'ai qu'une petite malle, mais j'ai mon éducation. »

13.

LE TRIOMPHE ÉPINEUX DE LA VERTU

La vie politique est un bon champ d'observation de l'évolution de la société. Les représentants du peuple représentent aussi les aspirations et les modes de vie de celui-ci. Ils s'y sentent obligés, ne serait-ce que pour être réélus. Or, l'histoire politique de ces trente dernières années nous offre le tableau d'élus assez éloignés de l'ascétisme. C'est le moins que l'on puisse dire.

Cahuzac, Fillon et autres scandales

Je me souviens du scandale provoqué par les révélations de l'affaire Hervé Gaymard, ministre des Finances sous Jacques Chirac entre 2004 et 2005. Le loyer astronomique de son appartement aussi immense que luxueux (600 m^2 dans le 8e arrondissement de Paris) était entièrement payé par l'État. Confronté aux révélations du *Canard enchaîné*, Gaymard a immédiatement réglé sa dette pour éteindre l'incendie. Il n'y eut aucune suite judiciaire. Qui n'a pas également en mémoire l'affaire Cahuzac, autre ministre des Finances, lui aussi pris la main dans le sac, si l'on peut dire ? Son ex-femme s'est vengée du divorce en balançant à la presse l'enregistrement d'une conversation téléphonique dans laquelle il avouait sa fraude fiscale et l'existence d'un compte à son nom en Suisse. Pas vraiment un ascète, lui non plus. L'exemplarité du ministre ayant juré de faire la chasse aux fraudeurs du fisc n'était pas particulièrement manifeste dans cette affaire, bien plus grave que la première. Que dire enfin du cas François Fillon ? L'ex-ministre et candidat à la présidentielle, empêtré dans plusieurs affaires, proclame toujours haut et fort qu'il est la victime de l'abolition de la frontière entre vie privée et vie publique, comme si la valeur privée et morale d'un homme politique était un sujet absolument étranger à la chose publique. Se fourvoyer à ce point, c'est vraiment prendre les Français pour des idiots. Mais je veux surtout évoquer le sort réservé à François de Rugy. Il me paraît plus problématique.

En juillet 2019, ce dernier, alors président de l'Assemblée nationale, logeait aux frais de l'État. Une réception avait été organisée à l'hôtel de Lassay. L'espace d'une soirée, on se serait crus à la cour de Versailles tant le dîner était fastueux. Au menu, entre autres : homards et vins millésimés. Tout cela était purement professionnel, paraît-il. Mais les photos de la soirée, diffusées sur les réseaux sociaux par Mme de Rugy, ont fait mauvais genre. Il faut dire que François de Rugy se revendiquait du mouvement écologiste, et incarnait une prise de guerre à gauche d'Emmanuel Macron, qui ne s'attendait sans doute pas à ce que l'accusation d'excès de faste et de détournement d'argent public tombe de ce côté-là de l'échiquier politique.

Acculé, François de Rugy a dû démissionner. Cette affaire des homards avait, depuis le début, quelque chose d'écœurant. C'était le hors-d'œuvre de trop. En effet, depuis plusieurs années déjà, les Français semblent blasés par ces vagues de dénonciation, qui ne sont rien d'autre que des lynchages médiatiques en bonne et due forme. Et pourtant, il y a fort à craindre que nous ne soyons qu'au début d'un cycle démocratique tendant à faire disparaître la frontière entre vie privée et vie publique.

L'ère du soupçon et de la transparence

Certes, les scandales viennent d'abord du fait que l'argent public est fréquemment détourné pour satisfaire des intérêts privés, par exemple lorsqu'un homme politique a engagé des frais exorbitants pour mener un train de vie fastueux. Là où il y a ostentation, le luxe cesse naturellement d'être légitime. Mais, aujourd'hui, la mode est à la condamnation des ors de la République quels qu'ils soient, au nom de la préservation des deniers publics et de l'égalité entre les citoyens. Cette problématique du fossé entre les élites et le peuple est consubstantielle à la démocratie depuis ses origines. Un fonds doctrinal l'explique, et nous sommes en mesure de poser la question de savoir si, un peu plus de deux cents ans après, l'Incorruptible Robespierre n'a pas gagné la bataille de la transparence.

Le premier réflexe serait de penser que cette nouvelle ère du soupçon nous renvoie à la Terreur de l'an II, quand, sur la base d'un simple témoignage, on pouvait envoyer un prévenu à l'échafaud. La machine révolutionnaire, dont l'un des rouages essentiels était la délation des puissants par les « opprimés », justifierait à première vue le parallèle historique. Néanmoins, ces traits de l'année 1793 apparaissent dès la naissance de la démocratie, en 1789. En effet, l'opinion publique exerçait déjà, *via* les journalistes et la presse, une surveillance active sur le gouvernement afin de réprimer les abus. Quand Necker, en 1790, rend publiques les dépenses secrètes de la Couronne contenues dans « Le Livre rouge », il ignore qu'il inaugure une époque nouvelle, celle où le peuple souverain exercera un contrôle permanent sur ses représentants à jamais suspects de malversations et de trahison.

Robespierre fut sans doute le premier à comprendre le tournant que cela constituait dans l'art politique et, deux ans avant d'entrer au Comité de salut public, il créa un journal dans lequel il se proposait de dénoncer tous les conspirateurs, les indifférents, les hypocrites, les égoïstes, les profiteurs, en bref, tous ceux qui ne poursuivaient pas, à ses yeux, l'intérêt général. « La source de tous nos maux, écrit-il, c'est l'indépendance absolue, où les représentants se sont mis eux-mêmes à l'égard de la nation[1]. » Au nom d'une vertu fantasmée, Robespierre accusait la classe politique dans sa totalité et pratiquait précocement la rhétorique du « tous pourris, sauf le peuple, et sauf moi ». De Danton, il disait qu'il était « une idole pourrie » et, dès le lendemain de son exécution, l'Incorruptible prenait la parole au club des Jacobins pour demander que l'idéal de vertu triomphe toujours de la réalité du vice, dont Danton aurait été l'incarnation.

C'est pourquoi le texte de la Déclaration des droits de l'homme et du citoyen est surmonté, au-dessus de la peinture qui reprend chaque article, d'un œil scrutateur : quiconque abuse du pouvoir et pratique l'arbitraire est condamné à répondre de ses crimes devant les tribunaux. Aussi la presse est-elle dans son bon droit quand elle accuse.

L'échafaud médiatique

La limite de ce système survient lorsque, au nom de la transparence et de la liberté d'expression, la presse outrepasse sa fonction régulatrice de la vie sociale. En pratique, lorsque le comportement suspect d'un élu est pointé du doigt, l'emballement médiatique est tel que l'émotion et la démagogie partisane empêchent toute analyse raisonnée et documentée de la situation. Le temps des médias est bien plus rapide et plus lapidaire que celui de la justice. François de Rugy a livré lui-même sa tête à l'échafaud médiatique en démissionnant, ce qui a créé un dangereux précédent car le tribunal de l'opinion prime désormais le verdict judiciaire.

Conscient du caractère impératif de mieux maîtriser le temps politique, le gouvernement du Directoire avait, après la Terreur, exigé qu'on laissât s'écouler un délai de dix ans après la mort d'un individu jugé méritant pour le faire entrer au Panthéon. En effet, Mirabeau et Marat avaient été panthéonisés dans la foulée de leur mort, avant d'en être rapidement retirés. Un semblable délai serait utile pour éviter ces chutes verticales, vertigineuses, de dirigeants politiques en quelques jours. On pourrait par exemple fixer une durée raisonnable pendant laquelle il serait interdit de renvoyer un ministre tout juste accusé de malversations. Car c'est de l'exécutif dont il est question ici. Face au pouvoir judiciaire et à la presse, il porte le fardeau du gouvernement. S'il est trop en proie à ces deux fourches caudines, son indépendance et sa légitimité ne sont plus que de vains noms.

En entrant dans l'ère des réseaux sociaux, nous avons déjà perdu le sens de la mesure. Sans doute ne sommes-nous qu'au début de la République de la délation et de l'injure. Le gouvernent appelle cela la « moralisation de la vie politique ». Or, souvenons-nous que la transparence recèle un fond aussi démocratique que totalitaire. Dans la société où nous vivons, le droit se trouve parfois démuni face aux assauts de la morale dont se revendiquent les oppositions opportunistes. Demandons-nous de quel côté se trouve le langage démagogique dans ces cas-là. Avec ceux qui accusent en invoquant la violation des codes moraux, et en proclamant l'ascétisme comme la valeur première des dirigeants politiques ? Ou bien avec ceux qui invoquent la barrière entre vie privée et vie publique ? Dans ce dernier cas, l'argument du droit est-il seulement audible par un électorat auquel on demande sans cesse de nouveaux efforts, soit par la réduction des dépenses publiques soit par l'augmentation des impôts ? Existe-t-il aujourd'hui une démagogie du droit ? Cette simple question est assez effrayante, il faut l'avouer.

Nous sommes plus que jamais à la recherche de cet impossible équilibre entre la prétention à la pureté et le nécessaire respect du cadre juridique protégeant les citoyens contre les pierres des nouveaux lapideurs. Réussir cette transition est sans doute l'une des clés de l'avenir de nos démocraties.

Les marchands d'Apocalypse

C'est la raison pour laquelle il faut encore dire un mot de l'exigence de pureté et de perfection éthique à laquelle veulent nous forcer certains groupuscules écologistes. Leur radicalité et leur virulence, souvent leur extrême violence, comme on l'a vu à Sainte-Soline en mars 2023, nous donnent des indications sur la nécessité de fixer des limites à l'ingérence de la morale dans nos rites sociaux et politiques.

Au nom de l'écologie, nous connaissons une vague de révolutions durables auxquelles nous ne pouvons opposer que des digues et non des barrages. Toutes ont pour objectif de faire changer le comportement de tout un chacun, en l'y contraignant au besoin, en le violentant si nécessaire. Au nom de la Nature et d'une égalité fantasmée, allons-nous changer, nous aussi, d'un coup de baguette magique, nos habitudes, nos coutumes, notre alimentation, notre identité, les noms de nos rues, de nos villes, pour tout recommencer de zéro ? Pour satisfaire les nouveaux militants radicaux de l'écologie, nos fêtes seront-elles demain celles de la mer, de la forêt, de l'asperge et du potiron ?

Trop souvent, il me semble, les autorités politiques apportent leur soutien aux nouveaux tenants de l'apocalypse. Ainsi d'Anne Hidalgo, s'étant crue justifiée à donner un blanc-seing et une légalité au rassemblement sauvage ayant bloqué le centre de Paris pendant plusieurs jours en octobre 2019, afin de sensibiliser la population à l'écologie. La maire de Paris s'est fait gloire, à l'approche des élections municipales, de soutenir le mouvement Extinction Rebellion et la lame de fond verte qui traverse notre société, en relayant au second plan le maintien de l'ordre public. Lorsqu'une autorité publique cède ainsi à la pression exercée par des minorités activistes, elle abandonne le pouvoir à la rue et ajoute au dérèglement climatique un affaiblissement politique. Or que sont ces pourfendeurs de la société moderne sinon des révolutionnaires radicaux qui ne disent pas leur nom ? Après les violences commises « au nom du Peuple », nous voici confrontés à celles perpétrées « au nom de la Nature ». Deux démagogies qu'il faut combattre les mots de la raison à la main.

La révolution dite « verte » est en marche et rien ne pourra l'arrêter. C'est tant mieux, car la transition écologique est un impératif civilisationnel. Elle est la seule solution pour ne pas se brûler les ailes au soleil de l'hyper-productivité causée par notre consommation de masse. Mais ce défi planétaire doit être relevé avec calme, maîtrise et rigueur, sans verser dans l'hystérisme et dans les extrêmes qui en polluent le sens.

Trop souvent les défenseurs de la cause écologique, si noble soit-elle, empruntent au religieux leurs éléments de langage (le manichéisme paradis/enfer, pur/impur). Ces mêmes mots qu'on qualifiait hier d'intolérants et de dangereux pour le respect des libertés. L'écologie ne saurait devenir une sorte de doctrine où l'on prédit l'effondrement prochain des cycles de la Nature, la mort de la planète et de l'espèce humaine. Toute idéologie, quelle qu'en soit la source, est funeste. Celle-ci, dans sa version radicale et insurrectionnelle, ne fait pas exception à la règle. Fondée sur la remise en cause de la démocratie représentative, de l'Europe et de l'économie capitaliste, l'idéologie verte offre une vision binaire, manichéenne, et donc tronquée, de la vie politique. Et se révèle en cela mortifère. Quand on lit sur le site internet du parti EELV : « Nous sommes à la croisée des chemins : l'écologie ou la barbarie », il y a de quoi s'inquiéter à propos de la santé démocratique de notre pays.

Si tous les partis recouraient au même discours polarisateur, la France ne serait plus une démocratie pluraliste. Nous devons donc réapprendre à faire de la politique. Pour cela, il faut cesser de placarder des pseudo-vérités pour mystifier le camp adverse et arrêter de séduire la foule, comme l'inquisiteur sondait le tréfonds de l'âme pour voir s'il n'y avait pas une raison d'incriminer.

Tous les systèmes politiques ou religieux ambitionnant de fonder une ère nouvelle basée sur la purification du peuple et de son environnement sont néfastes parce qu'ils nient les sensibilités, les croyances et les convictions de chacun, et réfutent par là même la notion d'individus libres et pensants. La défense de l'écologie ne saurait devenir le prétexte d'une nouvelle chasse aux sorcières. Il serait triste de voir resurgir ces méthodes d'un autre âge.

Le climat de radicalisation, de suspicion, de délation et de haine qui s'empare progressivement de notre société peut faire frémir. Mais l'ironie demeure un dard puissant contre le fatalisme. Voltaire (encore lui !) était passé maître en la matière et piquait à loisir ses contradicteurs. Comme cette fois où, répondant à Rousseau vantant la vie champêtre des sauvages, il répliqua que nos ancêtres, reclus au fond des forêts et des cavernes, sans médecine, sans industrie, sans État et sans luxe, ne vivaient pas heureux.

Qui de l'un ou de l'autre l'emportera ? Vieille interrogation que la France n'a toujours pas résolue, semble-t-il, malgré les coups de semonce de notre histoire nous avertissant que c'est souvent à cause de ceux-là mêmes qui veulent le bonheur pour tous que l'on obtient la paix pour personne.

14.

LES PETITS BARONS
ET LE NÉCESSAIRE RENOUVELLEMENT
DES ÉLITES

Qu'a à voir la polémique soulevée par la récente démission du président de la Fédération française de football (FFF), Noël Le Graët[1], avec la Révolution française ? Après tout, n'est-ce pas une broutille, qui ne méritera, tout au plus, qu'un maigre paragraphe dans les annales du sport ? À mes yeux pourtant, cette affaire intéresse la société française entière. Je ne parle pas des motifs ayant présidé au départ forcé (il s'agissait de faits de harcèlement). Ce qui paraît digne d'intérêt est la fatalité qui conduit ceux qui ont du pouvoir à en faire un usage excessif. Et pourquoi ?

Ce constat, Montesquieu l'avait déjà fait en son temps dans *L'Esprit des lois*, essai dans lequel il déplorait cette constante dans l'art politique : celui qui exerce une haute responsabilité vient tôt ou tard à en abuser. C'est dans la nature humaine, on n'y peut rien, d'où l'idée d'intervenir en amont pour modeler les compétences de chaque institution et contenir les dérives humaines.

Il n'est que de fixer des bornes aux fonctions pour en contrôler l'exercice, et en limiter la nocivité potentielle. Ainsi est né le principe de la séparation des pouvoirs, avec l'exigence de trouver les mécanismes les plus adéquats par lesquels « le pouvoir arrêtera le pouvoir », comme l'expliquait méticuleusement le magistrat de Bordeaux.

Dans notre affaire, l'intervention du pouvoir politique et de la ministre des Sports a été nécessaire comme moyen de pression en vue d'une démission du mis en cause, parce que aucun outil de contrôle interne ne permettait de régler le litige. M. Le Graët avait été élu, sa fonction était protégée contre les immixtions extérieures, mais la pression de l'opinion publique, des médias et de Mme la ministre des Sports lui ont forcé la main. Le président de la FFF, qui se cramponnait à son siège, a finalement démissionné, la mort dans l'âme, trouvant une échappatoire, la moins humiliante possible, dans l'obtention d'une nouvelle fonction au sein de la Fifa.

Cela dit, force est de constater une chose à peine entrevue jusqu'alors : et s'il y avait un lien de cause à effet entre les comportements reprochés (que ce soit ses propos sur Zidane ou les agissements pour le moins indélicats à l'égard du personnel) et la longévité de l'exercice des deux présidences exercées par Noël Le Graët, d'abord à la tête de la Ligue de football professionnel, puis à la tête de la FFF, ce qui représente en tout pas moins de vingt années au sommet des institutions (auxquelles il faudrait ajouter les six années de vice-présidence de la FFF) ?

Et si Noël Le Graët, à l'âge de 82 ans, après une longue et belle carrière dans le domaine du foot français, avait acquis la conviction, au terme de deux décennies de règne, qu'il pouvait tout se permettre et qu'il était intouchable ? Élu à quatre reprises à la présidence de la FFF, de 2011 à 2021, est-il inconcevable que cet homme ait cru jouir d'une puissance absolue, et donc qu'il ait agi en conséquence ? Montesquieu, qui connaissait son droit ancien sur le bout des doigts, faisait encore la démonstration qu'il était sain que les Consuls de la République romaine ne puissent être reconduits dans leur fonction. C'est ce qu'on appelle le principe d'annualité des fonctions. Craignant à juste titre qu'un consul ne soit en mesure d'abuser de ses prérogatives s'il était inlassablement réélu, les Romains avaient anticipé le mal en établissant cette garantie, ainsi que le principe de collégialité des plus hautes magistratures. Tant et si bien que lorsque Jules César viola à plusieurs reprises cette règle, conduisant à une personnalisation extrême du régime, il fut assassiné pour avoir laissé penser qu'il voulait être roi.

Le règne des tyranneaux locaux

Combien y a-t-il de cas comme celui de Noël Le Graët en France ? Combien de présidents de fédérations, de fondations, et d'on ne sait quelles institutions bénéficiant de fonds publics, sont maintenus à leur place au point qu'ils s'arrogent des droits et s'autorisent des comportements dignes de tyranneaux locaux, enfermés dans leur discipline, accrochés bec et ongles à leur statut privilégié ? Songeons à tous ces maires empilant les mandats dans leur commune, devenant des espèces de barons tout-puissants. On a vu ce que cela a donné à Levallois-Perret avec le système Balkany, ou encore à Montpellier avec Georges Frêche. Ce dernier, trente-trois ans de règne dans sa ville, jusqu'à ce que mort s'ensuive, se croyait absolument tout permis, comme de traiter les harkis de « sous-hommes sans honneur », ou d'ériger une statue de Mao Zedong et de Lénine…

Dans notre République, où l'on a institué le quinquennat présidentiel, reconductible une fois seulement, on a pensé que dix ans étaient le maximum d'exercice du pouvoir. Que penser alors de quinze, vingt années de règne sans partage, par exemple au sein d'une fondation ou à la tête d'un jury, avec des élections que l'on devine pipées d'avance, tant le « dinosaure » en place a su établir un système de récompenses pour s'assurer la fidélité, sinon la soumission, de ceux grâce à qui il détient son pouvoir ?

Prise sous cet angle, l'affaire Le Graët n'apparaît plus comme un épiphénomène, mais comme le symptôme d'une société malade du manque de renouvellement de ses élites. Bien sûr qu'il faut encourager les entreprises à donner du travail aux seniors, bien évidemment que leur expérience est une richesse que toute société doit honorer et gratifier, mais sans le roulement indispensable permettant à la jeunesse de prendre toute la place qui lui revient aussi, un pays se sclérose inévitablement et meurt de l'intérieur avant que cela ne se voit ostensiblement. C'est le pire des scénarios. Toute société doit respirer pour évoluer. Sans ces passations entre générations, elles se figent dans les glaces de l'égocentrisme d'une élite à l'orgueil mortifère.

Ce qui est vrai pour Noël Le Graët l'est pour d'autres instances. Les prix littéraires ont eux aussi été atteints par cette lèpre de la domination de quelques noms peut-être un peu plus fameux que d'autres. Ces papes à jury mettent leur veto à qui leur déplaît, à qui ils ont dans le nez, que ce soit pour servir la cause d'un ami ou celle de son éditeur, lequel invite aux meilleures tables, pour gagner, par les papilles, le prix convoité. Et ainsi de suite, de réseau en réseau, de table en table, de génuflexion en génuflexion, jusqu'à ce que chaque cardinal en son domaine parvienne à se faire une clientèle d'affidés. Est-ce autre chose que le lien de servitude qui attachait les vassaux à leur seigneur ? Sous cet angle, la France est toujours un pays féodal, où quelques seigneurs locaux apposent leurs griffes acérées sur l'objet de leur convoitise, soit pour eux directement (mais c'est rare, tant ils ont déjà tout), soit pour leur coterie. La notion même de mérite et de talent s'efface pour laisser place à la « république des copains ». Décidément, il y a quelque chose de pourri au royaume de France. Car, de ce point de vue, qu'est la France sinon un royaume, quand mille roitelets de quartier despotisent autour d'eux leurs sujets ?

Il faut que jeunesse se place

Cet immobilisme des Sphynx, qu'on dirait figés depuis mille ans dans la pierre, est un système qui, s'il ne se réforme pas par lui-même, condamne la société à l'explosion. C'est exactement ce qu'il s'est passé en 1789 : la caste des privilégiés, couverts de titres et d'hermine, freinait toute transformation du royaume, s'y opposant souvent par de hauts cris que l'on disait courageux. Tous d'anciens parlementaires, de père en fils, récalcitrant à la moindre idée de réforme lancée par le monarque et ses ministres. Dans leur pré carré, confortable et douillet, ces magistrats du royaume n'ont pas anticipé la vague rageuse de jeunesse qui allait ravager leur monde de certitudes qu'ils croyaient clos et de roc. Le souverain les exilait un temps, mais ils revenaient toujours en lieu et place, rieurs et moqueurs de l'autorité suprême et de l'intérêt public. C'est leur immobilisme coupable, conjugué à un régime politique à l'agonie, qui a lancé la jeunesse de France à l'assaut du pouvoir.

Les régimes de la sorte sont condamnés à devenir anciens, car tôt ou tard, il faut que jeunesse se place. Aujourd'hui, comme hier, elle est la source vive de la nation, n'en déplaise aux nouveaux privilégiés dont les mœurs aristocratiques sont une insulte à la République. D'ailleurs, cette situation est plus dangereuse qu'il n'y paraît, parce que si le renouvellement des dirigeants à tous les niveaux de l'État et de la société ne se fait pas en bon ordre, à intervalles réguliers, et à temps, il se fera d'un coup, et violemment : ce qu'on appelle une révolution. N'oublions pas que, dans la tornade soulevée au milieu du mois de juillet 1789, les premières têtes tombées furent celles de personnalités de la noblesse ayant déjà été élevées à des dignités importantes sous le règne de Louis XV. Parfois, pour se faire sa place dans la société, quand l'autre ne quitte pas son siège, il faut le lui arracher de force. Plus qu'une question de droit, c'est une affaire de survie.

C'est pourquoi il faut toujours chercher ce savant dosage entre l'ardeur de la jeunesse désireuse de trouver sa place dans la société et la stabilité que nous assurent nos sages, doués d'une expérience précieuse. Un fragile mais indispensable équilibre, qu'il est bien dangereux de perdre de vue. En politique comme en médecine, mieux vaut prévenir que guérir.

« Gardez-vous de demander du temps, avertissait Mirabeau en 1789, le malheur n'en accorde jamais. » La véritable intelligence est d'être toujours acteur.

15.

ÉLOGE DES MAIRES DE FRANCE

Qui se souvient de la mort du maire de Signes, Jean-Mathieu Michel, survenue le 5 août 2019, alors qu'il tentait de s'opposer au jet illégal de gravats sur la voie publique ? À la suite de la vague d'émotion suscitée à travers tout le pays, le Sénat avait lancé une enquête sur les violences faites aux maires. L'émoi est passé rapidement et l'enquête s'est clôturée par une énième déclaration d'intention. Les atteintes aux personnes dépositaires de l'autorité publique, qu'elles servent dans la police, la gendarmerie, les mairies, au Parlement, ou plus largement au sein même des casernes de pompiers, des hôpitaux ou de nos écoles, n'ont jamais cessé, au point que durant la vague d'émeutes de juin-juillet 2023, le domicile du maire de L'Haÿ-les-Roses a été attaqué avec une voiture bélier bourrée d'essence. Sa famille a dû prendre la fuite devant cet énième sursaut de violence irréfrénée, qui a mis la vie d'une mère et de ses enfants en danger. Après cela, l'émotion publique a repris de plus belle. À l'appel de David Lisnard, le président de l'Association des maires de France, nous fûmes nombreux à nous réunir, le lendemain de cet attentat contre la République, pour honorer celle-ci par des démonstrations de patriotisme et d'attachement à nos valeurs démocratiques. Les élus doivent-ils servir leur pays au péril de leur vie, et de celle de leurs proches ?

Pour lutter contre ce phénomène, il n'y a qu'une solution : faire des exemples. Par la répression sévère des manquements à la loi et des actes d'incivilité, on fait clairement savoir aux auteurs de ces délits qu'ils seront punis sans ménagement. La prévention est à ce prix. De même, il est nécessaire d'honorer nos héros modernes en les érigeant en exemples de vertu. Il s'agit de faire l'apologie de la loi. Mais comment ? Comment insuffler l'amour de la République à une population ? Qu'on ne se méprenne pas : il n'y a rien de plus difficile que de se montrer touchant quand on propose une vision lyrique du respect de la légalité. Celui-ci risque de paraître suranné, sinon froid.

Ces martyrs de la loi oubliés

Heureusement, l'histoire de France recèle des trésors de dévouement patriotique. Nos ancêtres les révolutionnaires, tant de fois décriés ou encensés pour s'être affranchis de l'ordre légal, n'en ont pas moins été ses infatigables promoteurs. Une journée en particulier nous l'apprend.

Le 3 mars 1792 tombait un samedi. C'était jour de marché dans la tranquille ville d'Étampes, située à une demi-journée de marche au sud de Paris. Rien ne laissait présager un drame, lorsque soudain, en début de matinée, une bande de forcenés fait irruption dans la ville, suivie d'une foule de mécontents. Ils exigent, fusils en main, la taxation du blé pour s'en prendre aux marchands et nourrir le peuple. Après plus de sept heures de rixes et de tensions, le maire d'Étampes, Jacques-Guillaume Simoneau, s'interpose au péril de sa vie afin de faire cesser les troubles à l'ordre public. S'opposant aux revendications et refusant de céder à la force, il veut à tout prix faire respecter la loi. Abandonné par les soldats censés le protéger, il tombe sous les coups de feu tirés à bout portant par les émeutiers. Un journaliste décrit la scène : « Il n'était question de sa part que de dire oui ; il a préféré de dire non. »

Tout le pays s'émeut, comme nous, au récit de cette mort exemplaire. L'assemblée de 1792 décide alors de consacrer le troisième jour du mois de juin à la célébration du défenseur de l'ordre légal. La journée est baptisée « fête de la loi ». Le cortège funèbre, transportant la chaise de l'élu et une statue de la loi, part de la place de la Bastille jusqu'au Champ-de-Mars, où députés, soldats, magistrats, parents de la victime, Parisiens accourus, rendent ensemble hommage au « martyr de la loi ».

Toute la journée, l'écharpe du maire est suspendue aux voûtes du Panthéon pour en honorer la mémoire.

Au printemps 1795, l'assassinat au sein même de l'Assemblée du député Féraud, à l'occasion d'une insurrection populaire armée, déclencha une vague d'émotion à travers tout le pays. La tête du député avait même été plantée au bout d'une pique présentée au président de séance, Boissy d'Anglas. L'indignation fut telle que des funérailles nationales furent célébrées à la mémoire de Féraud, incarnation de l'étendard des lois foulées aux pieds. À travers cet hommage posthume du 2 juin 1795, ce sont tous les martyrs de la cause de la liberté, inséparable de l'ordre légal, qui furent célébrés au sein de l'hémicycle, décoré pour l'occasion de guirlandes de chênes en festons, tous les représentants siégeant en costumes, armés, un crêpe au bras gauche. Féraud reçut même le titre de « Défenseur des droits et de la majesté du Peuple »[1].

Ces événements ne sont pas anecdotiques : ils ont la force des symboles, car ils sont des occasions, pour une société en recherche de stabilité, de rappeler que la loi et ses cohortes de représentants et d'exécutants n'ont pas d'autre alternative que d'être scrupuleusement respectés, ou sacrifiés en martyrs. L'État de droit, seulement en germe à cette époque et qui n'apparaîtra vraiment qu'à partir de la fin du XIXe siècle, se caractérise non seulement par l'observation de la loi, mais aussi par la promotion de celle-ci, sans quoi l'État lui-même tend à s'effilocher dans la nuit de l'arbitraire. Cet épisode de la Révolution nous rappelle que le principe de légalité, base de la démocratie, n'est jamais acquis mais demeure toujours à affermir. Il n'existe pas de démagogie en faveur de l'État de droit. En le défendant, le gouvernement ne fait pas acte de propagande, car il nous renvoie à l'esprit même de nos institutions et de notre démocratie.

Réenchanter la loi

Il ne peut y avoir de démagogie légaliste. Ces deux termes sont fondamentalement incompatibles parce que la loi, comme expression de la volonté générale, est le socle de notre contrat social, la condition même de notre capacité à vivre ensemble. Nous avons oublié le progrès que l'État de droit constitue. Établi depuis cent cinquante ans, mais assailli de tous côtés par mille langues perfides, il est plus que jamais urgent de faire connaître sa naissance, son histoire chaotique, ses bienfaits et ses règles. Nous manquons pathologiquement d'une pédagogie légaliste. Celle-ci doit commencer le plus tôt possible dans les classes étant donné que la délinquance juvénile ne cesse de croître. Mais s'il faut faire entrer l'impératif du respect de la loi dans les têtes, il faut aussi le faire entrer dans les cœurs. Des fêtes doivent servir à cela, notamment à l'échelon communal parce que les mairies sont l'institution locale idéale pour soutenir cet effort et incarner la république de la loi dans la figure du maire. Cela se pratique à moyenne échelle certes grâce à la « Nuit du droit », instituée en 2017 par Laurent Fabius, dont la vocation est de célébrer chaque année le 4 octobre, jour anniversaire de la Constitution de 1958. C'est bien, mais loin d'être suffisant. L'imagination doit à nouveau se mettre au service de la loi au lieu de nourrir un romantisme de lutte contre l'État, que l'on retrouve dans les films de gangsters ou d'émeutes populaires. Le droit est une contrainte qui fait rire certains, notamment quand la justice ne l'applique pas assez strictement, mais il est surtout la meilleure garantie contre l'anarchie et la barbarie. En raconter la part de sacré nous permettra, comme hier, de peser la chance que nous avons de vivre dans un État de droit.

Si le passé n'est certes pas un miroir du présent, il est néanmoins censé l'inspirer. C'est à cela que sert l'histoire : à nourrir le présent avec des exemples. La défense de la légalité est un combat à mener perpétuellement, collectivement. Tous les partis sont censés s'unir devant cet idéal. Mais est-ce réellement le cas ? À l'apologie de la loi, certains préfèrent la démagogie des tréteaux et les appels furieux à outrepasser le cadre. De nos jours, c'est la langue révolutionnaire qui est la plus convenue. Cette rhétorique propice aux effusions et à encourager notre passion pour l'action rebelle n'a que trop énervé notre imaginaire à coups de mots et de gestes furieux.

Dans son premier discours, prononcé à la brasserie Hofbräuhaus à Munich, en 1920, Hitler éructait : « Les autres peuvent bien aller voter, aller au Reichstag, dans les parlements régionaux, et s'étirer dans leurs fauteuils club, nous, nous voulons monter sur les tables des brasseries et entraîner les masses avec nous[2]. »

Il ne tient qu'à nous de remuer la masse du peuple français pour qu'il continue à aller voter avec la même ferveur. Geste minuscule et grandiose à la fois, honorant chacun de nos représentants d'une légitimité qui les consacre. Et les oblige aussi.

16.

LES QUATRE PILIERS DE LA RÉVOLUTION FRANÇAISE

Depuis leur plus tendre enfance, les Français ont été nourris au lait de la Révolution mythifiée. Son récit est le terreau d'une démagogie politique qui n'a cessé d'invoquer cette histoire de nos origines pour se l'approprier et forcer la légitimité républicaine. Pourtant, notre époque manque abyssalement d'une intelligence réelle des principes de la Révolution. On n'a jamais autant tissé la comparaison avec 1789, alors que peu de gens se font de cet héritage une idée claire et précise.

Une des causes de cela est que la Révolution française est fréquemment caricaturée par des discours propagandistes, parfois de la part même des universitaires censés en parler objectivement. Un professeur de la Sorbonne écrivait par exemple dans *L'Humanité* que la répression policière n'était autre que la manifestation d'une « loi martiale » massacrant le peuple, et que les forces de police étaient confrontées à « la routine du face-à-face » avec des manifestants en colère. Non ! Recevoir des pavés sur le crâne, risquer sa vie, voir Paris brûler, ne relève pas d'une quelconque « routine ». Une telle banalisation de la violence de la rue est aujourd'hui inacceptable.

La crise de la démocratie représentative actuelle rend indispensable un rappel historique dépassionné sur les quatre piliers de la Révolution française autour desquels peuvent se retrouver une majorité de Français. Chacun a son fondement et sa limite.

Au nom de la liberté. Garantie par les droits de l'homme, la liberté individuelle consiste à reconnaître à chacun l'autonomie de sa volonté propre. Cela signifie que les hommes sont libres de donner le sens qu'ils veulent à leur vie et qu'ils ont le droit de s'exprimer librement, la contrepartie étant le principe de responsabilité individuelle en cas d'atteinte à autrui. Cette communication ouverte entre les opinions divergentes permet à la société de penser et de respirer comme un corps sain. L'excès de liberté menace de faire disparaître toute volonté politique. Si l'État n'est là que pour garantir les libertés, il n'y a plus de gouvernement, ni de force motrice capable de commander aux événements plutôt que de les subir.

Au nom de la souveraineté populaire. Chaque citoyen français dispose, à sa majorité, du droit de vote car le peuple dans une République est souverain. La vie démocratique est ainsi régulée par le jeu des élections, destiné à porter aux fonctions suprêmes les représentants de la volonté populaire. Le danger survient lorsqu'une minorité vaincue et agissante prend pour étendard la défense des droits du peuple pour combattre les élus majoritaires de ce dernier. Or, la demande actuelle d'un référendum d'initiative citoyenne laisserait planer un soupçon permanent sur la légitimité de nos institutions, comme si seule la démocratie directe était juste.

Au nom du progrès. La France de l'Ancien Régime était tellement régulée par les privilèges qu'elle était en réalité close sur elle-même. L'ouverture des emplois au plus grand nombre a fait de l'égalité des droits un principe fondamental de notre société. La propriété, et non plus la naissance, est désormais le critère de distinction entre les individus, c'est-à-dire que la concurrence des talents, sous l'égide de l'Éducation nationale, permet l'émancipation des individus par le travail. Le danger serait de vouloir renverser ce système en récompensant ceux qui ne le méritent pas plus que les autres. La solidarité entre Français est un devoir que chacun observe en payant ses impôts, mais ne saurait en aucune manière être un premier pas vers l'égalité des conditions de vie. Le rétablissement de l'ISF ne correspond-il pas à une forme de fraternité punitive fondée sur l'égalitarisme ? La haine du « riche », si vivace, est funeste en soi car on ne saurait condamner les richesses sans mettre en péril le mérite d'en acquérir. Encore faut-il que les « riches » eux-mêmes n'aient pas de mépris pour les plus humbles.

Au nom de la citoyenneté. La Révolution a donné naissance à la nation française, ce qui implique une communauté de valeurs essentielles. Celui qui n'adhère pas à celles-ci – chacune découlant du principe d'égalité devant la loi – n'est pas digne d'être citoyen. Ce titre est avant tout une exigence qu'on pourrait résumer par la formule bien connue de John Fitzgerald Kennedy : « Ne vous demandez pas ce que votre pays peut faire pour vous, mais ce que vous pouvez faire pour votre pays. » Tel est le sens du patriotisme des devoirs. Le vice serait de tomber dans un nationalisme qui nierait les principes universels fondamentaux, comme l'histoire l'a déjà montré.

Fragile démocratie

Cet équilibre n'est pas naturel, il est fragile. Chaque déferlement de violence nous condamne à un sursaut civique. La Fête de la Fédération du 14 juillet 1790 nous enseigne que la France entière peut se retrouver unie, même après une crise terrible, en jurant fidélité à la liberté, à la Constitution et à la nation, ce socle commun qui fonde notre identité comme peuple. C'est là notre puissant bouclier face aux assauts répétés de la ligue des idiots et des ingrats.

La Révolution, qui divisa tant, peut aujourd'hui faire l'objet d'un consensus sur ses apports essentiels. Ses quatre piliers s'ancrent dans le sol de notre histoire et ont évolué avec le temps ; ils sont de nature à nous réunir, donc nous élever. Jadis, les Français ont adhéré à cet idéal modéré. Nous en sommes aussi capables. Et si, d'aventure, notre génération n'était pas destinée à refaire le monde, sa tâche serait peut-être plus grande encore, car elle consisterait « à empêcher que le monde ne se défasse[1] » (Albert Camus).

La croyance dans le progrès a montré en maintes occasions qu'elle n'était que candeur. Un monde où Hitler, Staline, Daech, la bombe atomique, l'explosion du réchauffement climatique sont possibles n'est pas un monde en perpétuel progrès, même si l'homme s'efforce de tirer les enseignements des tragédies qu'il a vécues. Mais cette foi dans le progrès, pour naïve qu'elle puisse être, demeure l'oxygène nous permettant de respirer et le meilleur antidote contre la tentation du désespoir. Il n'en demeure pas moins que cette croyance relève davantage de l'espérance spirituelle que de la lucidité politique. Pour s'en convaincre, il suffit de relire Charles Péguy et son merveilleux poème-fleuve *Le Porche du mystère de la deuxième vertu*. La France d'après-guerre (celle de 14-18) y est représentée sous les traits d'une petite fille nommée Espérance qui avance parmi les ruines. Le désespoir y est peint comme le plus grand des péchés car « il faut croire en lui [Dieu], qui est d'espérer ».

C'est de la religion, et non de la politique. La politique doit-elle reprendre le flambeau du spirituel qui l'a constituée en l'adaptant aux temps et aux mœurs laïques ? Ou bien s'en détacher entièrement ? Sans doute est-ce là l'une des plus grandes questions de notre ère. Et pourquoi pas la tentation de l'espérance politique ? La Révolution française, passerelle entre l'ancien et le moderne, querelle entre l'un et l'autre, a été bâtie sur ce projet, qui est à la fois un rêve et une nécessité.

Xi Jinping… et moi

Le premier à lire ces réflexions ne fut autre que Xi Jinping. Le jour de la parution de mon article dans *Le Figaro*, je me rends au kiosque. J'ouvre le journal et je découvre, au-dessus de mon portrait, une tête que je ne reconnais pas immédiatement : celle du président de la République populaire de Chine. Ce n'est pas tous les jours que l'on signe sur la même page qu'un dictateur. Le Grand Timonier a soigné sa sortie pour sa visite officielle à Paris à l'invitation d'Emmanuel Macron. Il s'adresse au peuple français pour flatter les relations entre les deux pays. Son titre est émouvant, économiquement : « La Chine et la France, ensemble vers un développement commun ». Lui commande à 1,4 milliard d'habitants directement, très directement même. Moi, à côté de l'homme le plus puissant du monde. Mes réflexions sur les principes universels de la Révolution française face à la realpolitik généralisée de notre monde. J'ai compris à ce moment-là que mon voisinage avec Xi Jinping ne tenait en rien du hasard.

L'idéal des droits de l'homme de 1789 n'est pas neutre quand on le met en face d'un président qui tient son pouvoir d'une révolution qui a mal tourné, elle aussi. D'évidence, nos deux nations sont chacune issues de révolutions traumatisantes, mais elles ont débouché sur deux modèles de société radicalement opposés.

France se traduit « pays de la loi » en chinois. Encore faut-il se mettre d'accord sur ce que cela veut dire. Au seuil de ce livre, confessons d'emblée qu'il y a bien un point sur lequel les Français peuvent s'accorder : nous n'entendons pas par « loi » et par « souveraineté populaire » la même chose que le régime chinois. Il faut dire que le futur pays le plus puissant de la planète est communiste.

Au reste, est-ce que Xi Jinping s'est fait traduire mon article sur la « Liberté à la française » ? Difficile de répondre. Dans un coin de mon esprit, j'aime penser qu'il en a été profondément bouleversé et que le monde ne sera jamais plus comme avant. Heureusement, il reste l'imagination, c'est-à-dire le rêve. Chacun lutte comme il peut contre la tentation du désespoir. Les romans de Salman Rushdie sont une forme de résistance. Mahsa Amini luttait quand elle laissait flotter une mèche de ses cheveux au vent de Téhéran. Samuel Paty enseignait l'histoire, Dominique Bernard la littérature. Oleksandre Matsievskiï fumait une cigarette quand un soldat russe l'exécuta d'une balle dans la tête. Il avait mon âge. C'est à côté de ceux-là que je me sens réellement tout petit.

17.

LE VRAI COMBAT CONTRE LES DICTATURES

Les voix prétendument révolutionnaires d'aujourd'hui, appelant à une levée en masse et une insurrection populaire en France pour faire tomber un régime qualifié de « despotique », ne savent pas de quoi elles parlent. Parler de « régime autoritaire » pour qualifier la Ve République ne saurait être faite à la légère. Il existe une hiérarchie des maux et ceux dont nous souffrons dans nos démocraties malades ne sont en rien comparables à la négation totale des droits de l'homme qui a cours dans de véritables dictatures. Il est temps de regarder autour de nous afin de prendre conscience de la chance que nous avons de vivre dans cette démocratie, même imparfaite. La révolution émancipatrice des humains a plus de légitimité là-bas que chez nous.

En 2022, de la manière la plus effarante qui soit, le monde s'est de nouveau scindé en deux. D'un côté, le bloc démocratique, celui ayant enfanté l'État de droit et les droits de l'homme. De l'autre, les régimes autoritaires, bridant la démocratie, restreignant les libertés à peau de chagrin, et apposant une chape de plomb sur le tissu social. Après-guerre, le philosophe autrichien Karl Popper avait dénoncé ce modèle politique fermé à toute notion de progrès, de transparence, de respiration, ce refus d'une « société ouverte ». Il ajoutait que « plus on s'efforcera de revenir à [d]es temps héroïques, plus sûrement on se livrera à l'inquisition, à la police secrète, au gangstérisme romantique[1] ». Les bûchers de l'Inquisition sont de retour à l'Est.

La mécanique de la terreur

Prétextant une gloire impériale passée ou même une révélation divine supérieure, la Russie, la Chine, l'Iran, ou, dans une autre mesure, la Corée du Nord et l'Afghanistan, se sont ostensiblement érigés en rupture par rapport au concert des nations démocratiques et libérales du monde de l'après-guerre. Ce réveil de l'histoire et des idéologies a toujours été source de guerres dans le passé, il l'est dans notre monde actuel, il le sera demain. Qui peut stopper cette terrible mécanique ?

L'art de la dictature est vieux comme le monde. Il consiste à s'assurer de l'application des ordres à tous les échelons de l'État, sans contestation possible, sans recours envisageable, que ces ordres soient conformes au droit positif ou non, qu'ils soient justes ou injustes moralement. On ne demande pas son avis à l'individu qui applique l'ordre venu de sa hiérarchie, comme on ne demande pas son opinion au soldat qu'on envoie sur le front. Les déserteurs et les mutins sont fusillés sur-le-champ. Dans ce système, tout agent de l'État est par essence un soldat sous le commandement de son supérieur. Et tous les citoyens sont contraints de marcher en rangs serrés s'ils ne veulent pas que pleuvent les coups de fouet, que soit décidée leur incarcération, ou leur exécution.

Telle est la mécanique de la terreur : exercer la contrainte à un tel niveau de violence qu'une fois la preuve établie que celui qui ose s'opposer à la machine étatique sera réduit à néant, plus personne n'ose émettre la moindre critique, ni même élever la voix, encore moins agir selon sa volonté propre. Le pire, c'est que cette pratique fonctionne. L'obéissance règne, car les hommes ont peur pour leur vie ou pour celles de leurs proches. Sous la Révolution française, la mécanique du Tribunal révolutionnaire de Paris était elle-même implacable, au point que l'accusateur Fouquier-Tinville se défendra de ses crimes en expliquant qu'il n'a fait qu'appliquer les ordres : « Je n'étais qu'un rouage mobile et soumis à l'action du ressort de la mécanique du gouvernement révolutionnaire. Le ressort était-il trop violent ? C'était au gouvernement à l'arrêter », dira-t-il. Quant au juré Renaudin, lui aussi poursuivi comme maillon de la chaîne terroriste, il invoque le même argument en expliquant qu'il ne faisait fonction que de simple hache. « Peut-on punir une hache ? » demande-t-il.

Cette plaidoirie est ce qu'on appelle l'excuse de la loi. Ainsi se sont défendus les bourreaux de toutes les époques, sous-fifres ayant perdu leur humanité en se rendant les exécuteurs des basses tâches, et pensant se dédouaner de toute responsabilité parce qu'ils n'ont fait qu'appliquer les ordres à la lettre.

Et les mitraillettes se turent

Lors du procès des artisans de la Terreur de 1793, un professeur à l'université de Paris a réfuté en bloc cette défense en affirmant qu'« une hache était un instrument absolument passif, mais que l'homme avait une volonté ». Voilà l'argument phare des démocraties, et même leur esprit ! Les hommes doivent conserver leur part d'interprétation personnelle des ordres qu'ils reçoivent, même si, en désobéissant, ils mettent leur propre vie en péril. C'est la parcelle d'humanité, présente dans chaque citoyen, dans chaque agent de l'État, qui est appelée à s'éveiller à la conscience morale de chacun de leurs actes. Le virus capable de gripper la mécanique de la terreur est d'abord humain.

Alfred de Vigny prend l'exemple d'un soldat coupable d'avoir exécuté un ordre atroce sous la Terreur.

L'auteur de *Cinq-Mars* penche pour la force de ce qu'il nomme « le libre arbitre » et « l'exercice de la conscience et de la justice » proclamées par les Lumières au XVIIIe siècle. Ce faisant, il soulève l'impératif de l'objection de conscience, y compris pour les militaires. L'homme a un devoir moral d'insubordination et de résistance aux tyrannies. Ce principe, qui remonte à 1789, se retrouve dans la Déclaration universelle des droits de l'homme de 1948, qui établit dès la troisième phrase du préambule « qu'il est essentiel que les droits de l'homme soient protégés par un régime de droit, pour que l'homme ne soit pas contraint, en suprême recours, à la révolte contre la tyrannie et l'oppression ». C'est un droit et même un devoir imprescriptible.

Bien sûr, cela est plus facile à dire qu'à faire, et il faut un immense courage, presque surhumain, pour parvenir à cette conscience et agir en conséquence. Mais il suffit de regarder le comportement héroïque de la jeunesse en Iran pour s'apercevoir que le premier levier de l'humanité n'est pas la peur ni la terreur, mais l'espoir, la fraternité, le courage, la dignité d'être des hommes et des femmes libres, quel que soit le châtiment encouru. Ces dernières années nous montrent les tableaux de la jeunesse iranienne debout dans la rue, sans voile ; de la jeunesse russe refusant de servir de chair à canon pour assouvir le fantasme de grandeur de Vladimir Poutine ; de la jeunesse chinoise encore, pour la première fois depuis Tianan men, sortie de chez elle pour manifester sa colère. Chacune de ces voix harangue les autorités, policières ou militaires, pour leur demander de refuser d'obéir à leur hiérarchie. Elles montrent le chemin du courage. Il ne reste qu'à un fonctionnaire, puis deux, puis de nombreux, à emprunter ce chemin, et alors les mâchoires de fer se desserreront, le système liberticide ne tiendra plus debout, car il se sera effondré à la base. C'est de l'intérieur, et souvent au plus bas de l'échelle, que vient parfois la solution. Un rien qui bouge, et tout est déplacé.

Cela me fait curieusement penser à une scène du magnifique film de Spielberg, *La Liste de Schindler*. À la fin, alors que la guerre est terminée, les soldats de la Wehrmacht reçoivent l'ordre de mitrailler tous les ouvriers juifs survivants. Oskar Schindler, qui les a sauvés de la Shoah, se tourne vers les soldats en leur disant qu'ils ont le choix, soit d'ouvrir le feu, comme on le leur ordonne, soit de rentrer simplement chez eux. Les mitraillettes se turent et ne tuèrent point.

CONCLUSION

Nous sommes aujourd'hui en proie à une espèce de dépression historique parce que le monde évolue à une vitesse folle et que nous n'avons pas la capacité de digérer notre passé pour l'acclimater à ce qui naît. Ni la capacité d'incorporer ce qui naît au passé qui demeure en nous. Condamnés à d'intenses crises de schizophrénie, nous ne ramons jamais longtemps dans le même sens.

Loin d'être un outil de compréhension de la complexité de l'époque dans laquelle nous vivons, l'histoire n'en finit pas d'être instrumentalisée pour offrir une vision simpliste de la trajectoire de la France à travers les siècles.

La haine de la bourgeoisie et des riches, l'apologie de la violence populaire ou le reniement de la promesse libérale de la révolution des Mirabeau et La Fayette ont fleuri depuis la prise de la Bastille. Plus que jamais, il est urgent de faire la part du feu entre ce que l'idéal de 1789 a eu de bon et d'universel, et ce que la Terreur a engendré de craintes. Les Jacobins ont imposé leur joug à la société, empêchant l'opinion publique de respirer, forçant la population à penser comme eux, non point pour faire la guerre à l'envahisseur étranger mais pour éradiquer toute résistance, et même toute dissidence. Après avoir pris le pouvoir par la force, ils se sont maintenus de la même façon, et ont saccagé les idéaux dans lesquels ils avaient crus au début.

Cela me fait penser aux recherches que j'avais entreprises pour la série documentaire *Apocalypse*, qui fut un succès planétaire. Il s'agissait de trouver des témoignages sur l'entre-deux-guerres afin de penser le centenaire de l'armistice du 11 novembre 1918. Pendant la crise des années 1920, il fallait insister autant sur la montée des fascismes en Italie et en Allemagne d'une part que sur les bouleversements majeurs opérés en Russie avec la révolution rouge d'autre part. Emma Goldman, John Reed et Alexandre Berkman avaient tous trois cru à la promesse communiste avant de déchanter. Dans *Le Mythe bolchevik*, journal qu'il tint de 1920 à 1922, Berkman relate son désœuvrement devant une telle faillite de ses rêves :

> Les braises de l'espoir se sont éteintes les unes après les autres. La terreur et le despotisme ont broyé la vie qui avait vu le jour en Octobre. Les slogans de la révolution sont désavoués, ses idéaux étouffés dans le sang du peuple. Le souffle du passé condamne des milliers

> d'hommes à la mort ; l'ombre du présent plane au-dessus du pays comme un drap mortuaire. La dictature bafoue les masses populaires. La Révolution est morte ; son esprit prêche dans le désert. Il est grand temps de dire la vérité sur les Bolcheviks. Le sépulcre blanchi doit être démasqué [...]. Le mythe bolchevik doit être détruit. [...] Ce que j'ai vu et appris contrastait d'une manière si flagrante avec mes espoirs et mes attentes que ma foi dans les Bolcheviks fut ébranlée à sa base même[1].

Sommes-nous capables de tirer les leçons du passé ? L'histoire a cet avantage de montrer la réalité des devenirs des aventures politiques, les plus romantiques virant souvent au cauchemar. Elle a cependant l'inconvénient de dépendre des récupérations politiques auxquelles elle conduit, parce que le romantisme d'une aventure, quelles que soient sa vérité et ses conséquences, reste un champ d'illusions où prospèrent les opportunistes au grand cœur. Ceux qui chantent encore *L'Internationale* sont incapables de se regarder dans la glace de l'histoire sans finir défigurés.

Dans son roman *Les Possédés,* Dostoïevski fait parler le théoricien de la révolution rouge Chigalev. Celui-ci déclare, à l'issue de son combat : « Je me suis embrouillé dans mes propres données et ma conclusion est en contradiction directe avec l'idée initiale d'où je suis parti. Partant de la liberté illimitée, j'aboutis au despotisme illimité. » Le personnage de Dostoïevski est littéralement possédé par le mythe de la Révolution française dont il veut prolonger les combats. Il finira par se suicider par désespoir.

Lutter contre les enchanteurs

Dans *Humain, trop humain*, Nietzsche avait déjà posé les termes généraux du problème :

> Il arrive qu'apparaissent des esprits abrupts, violents et entraînants, mais tout de même arriérés, qui ressuscitent par enchantement une phase révolue de l'humanité ; ils servent de preuve que les tendances nouvelles qu'ils contrarient ne sont pas encore assez fortes, qu'il leur manque quelque chose : elles tiendraient mieux tête, sinon, à ces enchanteurs[2].

Ce que proposent les Insoumis, ce sont des certitudes dans un monde où il n'y en a plus. Ce que proposent les Insoumis, c'est d'ajouter de la violence à la violence, dans un monde qui n'en connaît que trop. Ce que proposent les Insoumis, c'est de se soumettre à leur rêve, qu'ils prennent pour la réalité. Bien avancés dans ce XXIe siècle, on constate froidement une chose : ce siècle sera lui aussi démagogique ou ne sera pas. Comme le suggère le philosophe allemand, il revient aux responsables politiques de « mieux tenir tête à ces enchanteurs ».

Mais pour les combattre, faut-il s'abaisser à hurler sur les tréteaux comme certains le font ? Jusque-là on était convaincu que la radicalité était la meilleure façon d'être identifié, d'avoir du succès auprès des masses. Le problème est que l'on entend trop souvent des gens crier à l'antenne, les commentateurs y allant de leurs propos indignés lançant des anathèmes ; ils s'improvisent orateurs radicaux sur les plateaux. Or, je pense que la modération dans le verbe et le rejet du sensationnalisme et de l'émotionnalisation à outrance sont devenus aujourd'hui l'originalité même. La nuance dans les idées, ainsi que la sérénité dans la manière de les exprimer, sera sans doute, à l'avenir, le langage des véritables réformateurs, car, c'est bien connu, beaucoup ne font que reproduire le style enragé des meneurs de foule d'autrefois.

Oui, l'idéologie est un mal dont la démagogie n'est que l'un des ressorts. Pourtant sans démagogie, l'idéologie serait bien désarmée dans l'univers démocratique. Non seulement la démocratie tolère presque toutes les opinions, mais elle confère un écho plus retentissant aux discours les plus radicaux parce qu'ils répondent à la demande de sensation, de frisson et de colère fabriquée par la société du spectacle et de l'audimat.

Ainsi, la plus grande démagogie (avec le fait de soutenir qu'il n'en existe aucune) est de dire que le « système » ment, que le peuple est manipulé de bout en bout et qu'il doit se révolter pour sauver la démocratie.

Ceux qui prétendent cela ne sauveront pas la démocratie de ses maux naturels. Nous avons oublié que par l'effet de la démagogie les démocraties se transforment en tyrannies. C'est pourquoi Tocqueville visait encore une fois juste, il y a près d'un siècle, quand il écrivait : « Pour bien aimer la démocratie, il faut l'aimer modérément. » Il se basait sur l'histoire du siècle qui l'avait précédé, et le moins que l'on puisse dire est que celui qui l'a suivi n'a fait que confirmer cette maxime.

Ce nouveau siècle verra des hommes et des femmes se dresser contre ces nouveaux enchanteurs qui nous bercent de leurs chants des sirènes. Ulysse n'a-t-il pas vaincu cette séduction montée de la mer en s'attachant au mât du navire ? Quant à nous, il nous appartient d'écouter et de regarder en face ces marchands de rêves. La meilleure manière de les combattre n'est pas de les prendre de haut ni avec humour, mais de les considérer avec le plus grand sérieux.

De son temps, Tocqueville nous lançait déjà cet avertissement que nous serions bien inconséquents de négliger : « Dans les temps où les passions commencent à s'emparer de la conduite des affaires humaines, c'est moins à ce que pensent les gens d'expérience et de savoir qu'il faut faire attention qu'à ce qui occupe l'imagination des rêveurs[3]. » Aux hommes et aux femmes responsables et conscients des précipices de faire preuve de sagesse à présent pour ne pas laisser aux nouveaux enchanteurs le monopole du cœur battant de notre histoire millénaire, du sacre de Clovis aux sacrifices de la Résistance, en passant par les chants de la fête de la Fédération et nos deux abolitions de l'esclavage (1794, 1848).

Il m'arrive souvent de songer à ce que seraient les célébrations annuelles du 14 Juillet si un parti dogmatique s'emparait des rênes du pouvoir. L'histoire montre que nous ne sommes jamais à l'abri de nouvelles purges, ne serait-ce que mémorielles.

En recourant souvent à la ressource historique, ces réflexions peuvent être vues comme une lutte permanente contre la tentation du désespoir. Elles sont aussi la confession de l'inextricable équation devant laquelle nous ne cessons de nous interroger, nous Européens, depuis Athènes, il y a près de 2 500 ans : si les progrès de la raison et de la philosophie ne nous garantissent pas contre le flux des passions intéressées, comment la démocratie nous permettra-t-elle de faire cité ? Est-ce qu'Aristote et Platon, après avoir reçu l'enseignement de Socrate, ne tombent-ils pas eux-mêmes dans une sorte de désespoir en s'en remettant à la puissance des tyrans ? Ne nous montrent-ils pas que la meilleure façon de vaincre une tentation est de céder à ses caprices ? Mais si l'on cède, que deviennent l'indépendance d'esprit, la consolation contre les désordres de notre époque ? « En amour, disait Napoléon, la seule solution c'est la fuite. » Et si c'était pareil pour le reste ? Le suicide, forme de fuite dans l'autre monde, Napoléon en a fait l'apologie, comme d'un remède miracle des désespérés ayant encore la force de leur volonté. C'est là qu'interviennent l'art, l'écriture et le beau, horizons par lesquels tout se ferme et tout recommence. Ça vaut la peine de se réveiller le matin, quand l'aurore aux doigts de rose nous prend par la main et nous arrache un regard mélancolique. C'est le ciel qui sourit. Il y a de l'espoir dans chacun de ses rayons.

Néanmoins, par les temps qui courent, les désespérés ont le vent en poupe. Ce sont les Gilets jaunes qui prennent d'assaut les ronds-points, les abstentionnistes qui ne se lèvent pas le matin pour aller voter, la majorité silencieuse qui assiste médusée au déclassement de la France, ou encore les bulletins extrêmes qui rêvent d'une révolution ou d'une contre-révolution malgré l'impossibilité de la mettre en place sans renier nos valeurs. Je pense à Chantal Delsol, membre de l'Institut, qui parlait de la possibilité, pour se sauver, de prendre le chemin de l'émigration et donc de l'exil[4].

Le philosophe Kierkegaard écrit que « c'est quand le désespéré va le mieux et se croit au mieux, et que sa santé peut-être vous semble florissante, que le mal est au pire[5] ». D'un coup, je suis presque content de me sentir mal. Ça me redonne de l'espoir pour la suite, et me met de la gaieté au cœur. Je repense alors à la tombe du philosophe que je visite chaque fois que je passe par Copenhague. Elle se trouve dans un vieux cimetière aux murs jaunis et délavés du quartier branché de Nørrebro.

En face de la stèle trône un arbre majestueux qu'on assurerait millénaire. Passant sous son manteau vert, la jeunesse danoise aime se retrouver gaiement dans le cimetière pour s'étendre sur un coin de pelouse tout en sirotant des bières Tuborg. Parfois, on y écoute de la musique qui berce les morts et, quand le soleil est déclinant, un couple est surpris en train de s'enlacer entre deux tombes. Tentation du désespoir et tentation de vie exubérante sont cousines. L'une ne va pas sans l'autre, dans les bois jolis de nos existences tuméfiées, et sans cesse rebâties. Dans son merveilleux poème « Le cimetière marin », le grand écrivain de la Méditerranée Paul Valéry, de Sète comme moi, chante juste :

« Le vent se lève !... il faut tenter de vivre ! »

Quand on y regarde de près, à la fin, c'est toujours l'espoir qui gagne.

SOURCES ET NOTES DES TEXTES

Les chapitres de cet ouvrage sont tirés pour partie d'articles parus dans la presse nationale largement transformés. Toutes les rédactions sont ici remerciées car les journalistes ont chacun permis non seulement à ces tribunes de voir le jour, mais aussi d'être souvent relues et améliorées. C'est toujours une aventure collective. Une mention spéciale est adressée à Guillaume Perrault, alors rédacteur en chef des pages « Débats et opinions » du *Figaro*, pour son exigence et sa bienveillance pendant près de cinq années.

Les autres chapitres sont inédits.

Un historien ne devrait pas dire ça

1. Alain Etchegoyen, *La Démocratie malade du mensonge*, Paris, François Bourin, 1993.

2. Raymond Aron, *Introduction à la philosophie politique. Démocratie et révolution*, Paris, Le Livre de Poche, 1997, p. 209 (1re éd. de Fallois).

3. Alexis de Tocqueville, *De la Démocratie en Amérique*, Pagnerre, 1848, « Influence de la démocratie », p. 212.

PARTIE I
LA RÉVOLUTION DÉVOYÉE

1. Le chant des démagogues

Inédit.

1. Aristote, *Politique*, V.5.1305a 7-23.
2. *Les politiques*, Paris, Flammarion, 1993, p. 294.
3. François Furet, *Le Passé d'une illusion. Essai sur l'idée communiste au XXe siècle*, Paris, Calmann-Lévy/Robert Laffont, 1995.
4. *Ibid.*, p. 809.
5. Préface du livre *Robespierre l'innocent*, de Simon Mauger, L'Harmattan, 2023.
6. Loris Chavanette, *Danton et Robespierre : Le choc de la Révolution*, Paris, Passés Composés, 2021.
7. Jean-Baptiste Louvet, discours prononcé le 29 octobre 1792 à l'assemblée législative, cité dans *Gazette nationale ou Le Moniteur universel*, 1792, n° 305, p. 1293.
8. Guy Hermet, *Les Populismes dans le monde. Une histoire sociologique (XIXe-XXe siècle)*, Paris, Fayard, 2001, p. 84. Voir aussi Philippe Lafargue, *Fiers d'être démagogues ! Ce que nous pouvons apprendre de la démocratie athénienne*, Buchet-Chastel, 2022.
9. Dans l'émission « C à vous », du 27 janvier 2020, sur France 5.
10. C'est la découverte de mon livre *Le 14 Juillet de Mirabeau. La revanche du prisonnier*, paru chez Tallandier en octobre 2023.
11. Alexis de Tocqueville, *De la démocratie en Amérique*, t. 2, Partie II, chap. 2-3, Paris, Gallimard, coll. « Folio », 1961, p. 143-153. Voir aussi les travaux récents de François Hartog sur le sujet.
12. Jean-Pierre Le Goff, *La Gauche à l'agonie ? 1968-2017*, Perrin, coll. « Tempus », 2017, p. 342-343 (rééd. de *La Gauche à l'épreuve*, paru en 2011).

2. L'ombre de Napoléon et de Robespierre

Version réactualisée de l'article paru dans *Le Figaro* du 14 septembre 2018, intitulé « L'abus de comparaisons historiques nuit gravement à la santé ».

1. Patrice Gueniffey, *Napoléon et de Gaulle*, Paris, Perrin, 2017.
2. La polémique eut lieu sur X lors des manifestations contre la réforme des retraites et le recours à l'article 49.3. L'universitaire avait mal traduit le titre d'un journal allemand, croyant que la comparaison avait été faite outre-Rhin avec Néron.
3. Encore qu'Emmanuel Macron ait parlé lui-même de désir de pouvoir « jupitérien » et déplorait l'exécution de Louis XVI, qui aurait créé un vide spirituel dans le politique.
4. Émission « La Fabrique de l'histoire », 9 mars 2017.
5. Il s'agit du chapitre XVII, le dernier, qu'il a appelé « Espérance ». Edgar Quinet, *La Révolution*, t. 2, Belin, 1987, p. 1040.
6. Il lui préférait Bonaparte. Voir L. Chavanette, « *Un héros européen : Napoléon l'audacieux vu par Edgar Quinet* », *in* S. Guermès et B. Krulic (dir.), *Edgar Quinet. Une conscience européenne*, Peter Lang, 2018

3. Jean-Luc Mélenchon, faux révolutionnaire, vrai trotskiste

Reprise et réunion de deux articles parus l'un dans *Le Figaro* du 9 mai 2022, intitulé « Qu'est-ce que le tiers état ? Pas Mélenchon », et l'autre dans *Le Point* le 7 octobre 2022, intitulé « Mélenchon et la Révolution française ? Oui, le ridicule tue ».

4. Quand le cinéma se mêle de politique

Reprise et réunion de deux articles, l'un paru dans *Le Point* le 2 octobre 2018, intitulé « Un peuple et son roi : une histoire mélenchoniste de la Révolution » et l'autre dans le FigaroVox du 3 février 2023, intitulé « Vaincre ou mourir réveille le clivage de la Révolution française ».

1. Reynald Secher, *Le Génocide franco-français, la Vendée-Vengé*, PUF, 1986.
2. *Lettre ouverte aux coupeurs de têtes et aux menteurs du bicentenaire*, Albin Michel, 1989.
3. Entretien dans *Le Figaro* du 20 septembre 2022.
4. Le film invente un accord tacite entre le chef vendéen et la Convention nationale au sujet de Louis XVII, l'enfant du Temple. La mort tragique de ce dernier le 8 juin 1795 aurait justifié la nouvelle prise d'armes de Charette au nom de l'honneur.

5. La Terreur selon Patrick Buisson

Version transformée d'un article paru dans *Le Point* le 23 novembre 2017, intitulé « Révolution française : un historien répond à Patrick Buisson ».

1. Joseph de Maistre, *Considérations sur la France*, Paris, Chez Rusand, 1829, p. 71.

6. La droite contre l'État de droit

Inédit.

1. Gérard Cornu, *Vocabulaire juridique*, PUF, 2011, p. 417.
2. Michel Miaille, « Le retour de l'État de droit », *in* Dominique Colas (dir.), *L'État de droit, travaux de la mission*

sur la modernisation de l'État, Paris, PUF, coll. « Questions », 1987, p. 215-218.

3. *Ibid.*, p. 150. Dans son allocution, François Mitterrand expliqua : « Le voisinage de ces deux notions, l'État et la démocratie. J'ai dit voisinage, cela pourrait être aussi rencontre. Finalement, une fusion, l'un servant l'autre. [...] Dans une démocratie, l'État ne peut pas être une fin en soi » (p. XI-XII).

4. René Rémond, *Les droites en France*, Paris, Aubier, 1954 ; Frédéric Bluche, *Le bonapartisme. Aux origines de la droite autoritaire (1800-1850)*, Paris, Nouvelles éditions latines, 1980.

5. Message du 4 mai 1804.

6. Annie Jourdan, « Le Premier empire : un nouveau pacte social », dans *Cités*, 2004/4 (n° 20), PUF, p. 56 et 64.

7. Ce qu'explique l'historien du droit Jean-Louis Halpérin, *in* Thierry Lentz (dir.), *Napoléon et le droit*, CNRS Éditions, 2017.

8. Lien sur le site de la Fondation Napoléon : « Le régime napoléonien était-il un État de droit ? »

9. Jacques Chevallier, *L'État de droit*, LGDJ, 7e édition, 2023, p. 28.

10. Arthur Chevallier, *Napoléon et le bonapartisme*, PUF, coll. « Que sais-je ? », 2021.

PARTIE II
LE RETOUR DE LA VIOLENCE

7. La rue contre l'Assemblée

Version réactualisée de l'article paru dans *Le Figaro* du 23 septembre 2017, intitulé « La démocratie n'est pas dans la rue : une ambiguïté française » et dans le FigaroVox du 12 janvier 2021, intitulé « Célébrons les grands hommes qui ont fait de leur vivant notre imaginaire ».

1. François Furet, *Penser la Révolution française*, Paris. Gallimard, 1978, p. 84.
2. François Furet, « Le catéchisme révolutionnaire », *Débats et combats*, 1971, p. 261.
3. Proposition de Laurent Wauquiez lancée le 10 mai 2023 dans une interview pour *Le Point*.
4. Alexis de Tocqueville, *De la démocratie en Amérique*, Paris, Vrin, 1990, p. 274-275.

8. Gilets jaunes : qui parle « peuple » n'est pas le peuple

Version transformée d'un article publié dans *Le Figaro* du 2 février 2019, intitulé « Ce n'est pas parce qu'on parle "peuple" qu'on est le Peuple ».

1. Raymond Aron, *Démocratie et totalitarisme*, Folio essais, 1987, p. 152.

9. Enrayer le cycle de la violence

Version transformée de l'article paru dans *Le Figaro* le 29 décembre 2022, intitulé « Comment enrayer le mécanisme des dictatures ? ».

Fusion de plusieurs articles parus dans *Le Figaro* et le FigaroVox les 9 mai 2019 (« Comment finir une Révolution ? ») et 27 mars 2023 (« Report de la visite de Charles III : "Comme à Saint-Pétersbourg au XVIIIe siècle, Paris cherche à dissimuler la crasse" »).

1. Face au tollé provoqué, le député a été rappelé à l'ordre par le Bureau et s'est excusé.
2. Loris Chavanette, *Quatre-vingt-quinze. La Terreur en procès*, CNRS Éditions, 2017.
3. Article 1er du Titre 1er de la loi du 1er germinal An 3.

10. Churchill, Bonaparte, Voltaire : les statues de la discorde

Reprise et réunion de plusieurs tribunes parues dans *Le Figaro* et le FigaroVox les 16 juin 2020 (« Déboulonnage de statues : “La Révolution française avait ouvert la boîte de Pandore” »), 10 juillet 2020 (« Nous, historiens, ne prenons pas à la légère les dégradations de statues ») et 30 mai 2022 (« La statue de Voltaire dormira bientôt derrière les barreaux : une défaite de plus »).

1. Tribune collective parue dans *Le Point*, le 28 novembre 2018, « Le « décolonialisme », une stratégie hégémonique : l'appel de 80 intellectuels ».
2. Abbé Grégoire, Rapport sur les destructions opérées par le Vandalisme et les moyens de le réprimer (31 août 1794).
3. Lionel Jospin, *Le Mal napoléonien*, Paris, Le Seuil, 2014.

11. Cachez cette violence que je ne saurais voir

Inédit.

1. Il faut dire que l'ONU elle-même sembla soutenir une telle lecture des événements puisqu'elle condamna le racisme qui serait présent au sein de la police française…
2. Jean-Luc Mélenchon, tweet du 2 juillet 2023, interview télévisée retranscrite.
3. JLM était invité sur LCI le 2 juillet 2023 à 18 heures. Il a ensuite répété et assumé ces propos sur son fil X.
4. Sandrine Rousseau l'a accompagné dans cette analyse en allant jusqu'à publier sur les réseaux sociaux cette réflexion qui paraîtrait de bonne guerre politique, si elle n'était pas au

demeurant une universitaire : « Et si le pillage avait à voir avec la pauvreté ? Les marques avec le sentiment de relégation ? »

5. Le président du Conseil représentatif des institutions juives de France est Yonathan Arfi.

6. Il suffit de constater qu'un ministère est désormais consacré au « Renouveau démocratique » pour comprendre la profondeur du malaise.

7. Lettre ouverte du 2 novembre 2023.

8. Vassili Grossman, *Vie et destin*, dans *Œuvres*, Robert Laffont, Bouquins, 2006, p. 411-412

PARTIE III

L'HEURE DES CHOIX

12. L'Éducation nationale : méritocratie ou idéologie ?

Fusion et réactualisation de deux articles parus dans *Le Figaro* les 31 juillet 2019 (« Le moins-disant intellectuel est notre avenir ») et 8 octobre 2018 (« La sélection à l'université est conforme aux principes de la Révolution française »).

1. Condorcet, Rapport sur l'organisation générale de l'instruction publique, présenté à l'Assemblée nationale les 20 et 21 avril 1792, an 4.

2. Talleyrand-Périgord, ancien évêque d'Autun, Rapport sur l'instruction publique, en annexe de la séance du 10 septembre 1791.

3. Pierre Daunou, rapport du 15 octobre 1795

4. Charles de Saint-Sauveur, « Depuis le début de la guerre Israël-Hamas, les campus américains en proie à l'antisémitisme », *Le Parisien*, 11 novembre 2023.

5. Jean-Pierre Le Goff, *La gauche à l'agonie ? 1968-2017*, rééd. Perrin, coll. « Tempus », 2017, p. 15, 33.

6. *Ibid.*, p. 334.

7. Nathalie Heinich, *Le wokisme serait-il un totalitarisme ?*, Albin Michel, 2023. L'auteure est sociologue, chercheur au CNRS.

8. Tribune dans *Le Monde* du 3 mai 2023 et relayée sur le site du Laboratoire d'études de genre et de sexualité du CNRS.

13. Le triomphe épineux de la vertu

Reprise de deux articles parus dans les colonnes du *Figaro* les 18 juillet 2019 (« Démission de Rugy : “La transparence recèle un fond autant démocratique que totalitaire” ») et 24 janvier 2020 (« L'urgence écologique existe, mais se réclamer de la vertu est dangereux »).

1. Robespierre, article de son journal *Le Défenseur de la Constitution*, n° 11, juillet 1792.

14. Les petits barons et le nécessaire renouvellement des élites

Version transformée d'un article publié dans *L'Obs* du 6 mars 2023, intitulé « Affaire Le Graët : ces barons inamovibles sont le signe d'une société malade ».

1. Le 28 février 2023.

15. Éloge des maires de France

Article transformé paru dans *Causeur*, le 20 août 2019 et largement remodelé ici, intitulé « Mort du maire de Signes : “Il faut faire des exemples” ».

1. Journal *Le Moniteur universel original*, n° 258, du 18 prairial an III.

2. Anne Quinchon-Caudal, *Avant Mein Kampf – Les années de formation d'Adolf Hitler*, CNRS Éditions, Paris, 2023.

16. Les quatres piliers de la Révolution française

Article transformé paru dans *Le Figaro* du 23 mars 2019, intitulé « Le respect de la légalité, héritage de 1789 ».

1. Albert Camus, *Discours de remise du Nobel*, Stockholm, 10 décembre 1957.

17. Le vrai combat contre les dictatures

Article paru dans le Figaro Vox le 29 décembre 2022 (« Comment enrayer le mécanisme des dictatures ? »).

1. Karl Popper, *La Société ouverte et ses ennemis*, Seuil, 1979 [1945].

Conclusion

1. Alexandre Berkman, *Le Mythe bolchevik. Journal 1920-1922*, éd La digitale, 1996, p. 282 et 292.

2. Friedrich Nietzsche, *Humain, trop humain*, 1879.

3. Alexis de Tocqueville, *Considérations sur la Révolution française*, Paris, Gallimard, coll. « La Pléiade », 2004, p. 462.

4. Tribune dans *Le Figaro* du 20 septembre 2023.

5. Søren Kierkegaard, *Traité du désespoir*, Paris, Gallimard, « Tel », 1990.

TABLE DES MATIÈRES

PARTIE III
L'heure des choix

Pour en savoir plus
sur les Éditions Plon
(catalogue, auteurs, vidéos, actualités…),
vous pouvez consulter
www.plon.fr
www.lisez.com

lisez!

et nous suivre sur les réseaux sociaux

Editions Plon

@EditionsPlon

@editionsplon

#lisez! engagé
www.lisez.com
Pour plus d'information :
Imprimé sur du papier issu de forêts gérées durablement.

CET OUVRAGE A ÉTÉ ACHEVÉ D'IMPRIMER SUR ROTO-PAGE
PAR L'IMPRIMERIE FLOCH À MAYENNE EN JANVIER 2024

N° d'impression : 104118
N° d'édition : P31809/01
Imprimé en France